藍月升起

陳創農 著

送你18個快樂處方

推薦序

我認爲人生有三件事不能等待：健康、孝順、教育，其中教育是人類的希望工程，唯有眞誠以滿心歡喜的態度來面對教育，才能堅持到底。就像我擔任台灣教育大學系統總校長，天天到辦公室上班當義工，雖然很辛苦，但卻很快樂。

這本書提供了十八個快樂方法，其中〈半生奉獻〉一文，把我一輩子奉獻教育爲何快樂的原因，剖析清楚，看法類同。作者將自己的快樂體驗，以散文方式分享方法給各界朋友，希望用快樂促進健康的心意與我理念契合，値得一讀，讀後也期望你與我一樣滿心歡喜。

——臺灣教育大學系統總校長．前教育部部長　吳清基我認識創農兄已三十多年了，這幾年他竟然去横渡日月潭、登玉山，加上早年的腳踏車環島，人生三大事已完成，令我稱羨不已。拜讀本書，才知道他已過著自己的「第二曲線」，書中的十八個快樂方法，就是他做到了，想透澈了，才積極的分享出來。

我一直在科技產業中努力，從事創新研發占據了我的日子，書中「正念減壓」「靜臥」等做法，對我生活品質提升相當有幫助，我會跟隨創農兄找快樂的腳步，並期望自己及創辦的科技公司因此受益，在「平衡」「積極」及「快樂」的氛圍中成長。

——漢穎科技股份有限公司董事長 高漢榮

二〇一三年，我有感花團錦簇的桃園長庚紀念醫院開發不易，並認為文化傳承，才是醫院最珍貴的資產，故請陳創農主任來導覽桃園長庚一景一物，並說出背後的艱辛故事，也請他把這些故事寫出來。想不到這竟啓發他創作本書，我才知道他這麼認眞的追求快樂，並認眞的實踐。

的確，快樂是一帖良藥。一輩子當醫師，見過太多生病的人，這本書提供許多如何快樂的實際故事、做法與想法，陳主任只是拋磚引玉，希望大家找快樂的初心，好事一樁，樂觀其成。

——財團法人長庚紀念醫院決策委員會名譽主任委員 陳昱瑞

在這本書中作者寫了十八個快樂處方，讓我想起十多年前初入長庚養生文化村是初春時節，作者陳處長和主任林志郎多次帶我們幾位最早的住民去前山、後山看新開花的樹，給我們美好的安家環境。至今感念王永慶先生的新觀念，蓋了現代化的養生文化村，處處顯示這是優逸的居家而非養老的村子，由他的籌建開山種樹的隊伍，帶我們由初始開花日漸繁茂的樹林，山林自然之美展望平靜度日的快樂。

——臺灣大學榮譽教授　齊邦媛

自序　找到自己的藍月

知道「藍月」這個詞，是從兒子那邊聽來的。他說：「歐美文化中，把一個月中出現的第二個滿月稱爲藍月，他們也認爲藍月象徵著，將有某些微小的改變或是新的意義。」第一次聽到，覺得「藍月」這詞意境夠優雅，加上從小就喜歡看滿月，賦予它的也是平靜快樂的聯想。至於這本書爲什麼取名爲《藍月升起》？實有一段心理的轉折。

小時候，老師教我們在賀卡上寫上六個大字：「祝你健康快樂。」那時候不知深意。青年時也曾問一位九十多歲的長輩：「你現在追求的目標是什麼？」長輩說：「我只追求平靜快樂。」那時候還是不知道爲什麼。直到青年到壯年約莫二十多年的時間吧，看到健康檢查有了紅字，才知道爲了工作，竟把健康拋到九霄雲外去，快樂也不見了好久呢！

幸好即時醒悟，五十出頭開始與一群好友一起找快樂，嘗試過快樂的生活，我把這些做過的快樂事分類後，竟有十八類之多。幸運的是，因在醫院工作近四十年，認識了許多醫學及管理專家，他們又協助我把這十八類快樂的事，找到理論依據，希望我把它分享出來，讓更多人有樣學樣，再度加入快樂的人生。

像這樣再度快樂的行動，不就像一個月中升起了第二個滿月，讓你的生活有了改變，有了新的意義，所以我把書名取名爲《藍月升起》，就是希望你的快樂，隨時在內心升起，因爲有了快樂，健康也就跟著來了。

能完成這本書，要感謝很多人，你們出很多力，這是一輩子的恩情，我會永遠放在心底。

書後，感觸人生苦短，不論男女老幼，勸你不論身在何處，看完本書後，也能及時做一些屬於你的快樂行動，不要像我五十歲出頭才醒悟啊！這些及時行動，就算是微小的改變，對你而言就有新的意義，這才是我寫這本書的初衷。可是，衆口難調，人心難測，每個人的快樂點畢竟都不同，快樂要靠自己願意改變並行動，我可不是你的原版。

最後，你一定要相信，我希望你重新找到快樂的心是出乎至誠。

陳創農寫於二〇二〇年十二月

目錄

第二章　日常踐履

第三章　放下執念

第四章　逐夢蘊樂

第一章

自我修持

為無為，事無事，味無味。
《道德經‧無難章》

有情樹

人走茶涼，樹卻有情，你見它時，枝頭搖曳，彷彿熱誠歡迎你。滄海桑田，不妨學樹時懷感恩的心，唸個**睡前「慈心禪」**吧！感恩的人，快樂自來。

據說釋迦牟尼在無憂樹下出生，在菩提樹下覺悟，最後在娑羅雙樹下涅槃。以色列人喜歡在庭院種無花果樹，並虔誠的在樹下祈禱，耶穌也說：「你們可以從無花果樹學個比方，當嫩枝長葉的時候，你們就知道夏天近了。」穆罕默德更在結束禁食後，先吃椰棗樹的果實，這些先知，與樹都有不解之緣。

我們雖是平凡人，但與先知一樣，也都很親近樹。

小時候畫圖，都會在紙上畫幾棵樹，或許是因爲生活周邊到處是樹，曾經走過、摸過、爬過，就在這潛移默化中，樹與我們做朋友了。但遺憾的是，長大後對這些朋友常常不知其名，多數人只能以「那棵樹」稱呼。當看到獨角仙吸吮光蠟樹的樹汁，吮痕是一段一段不連續的，那是因爲獨角仙怕樹的水分中斷而死。人們對樹若名字都叫不出來，恐不及獨角仙對樹的愛呢。

風情萬種

多關注樹吧，才知樹如人，形形色色。

人怕鬼畏痛，樹也怕鬼懼痛。

所謂樹怕鬼，指的是樹如獨立種植，不易存活，要種樹最好是一群，彼此擋朔風，彼此好照料。另外，樹更怕痛，所以種樹要在冬至後至清明之間，那時根已冬眠，移植時不易受傷。如有人在清明後移樹，那時樹枝已發嫩芽，此時移樹是在折磨它啊！如見此景，請發聲制止幫助它，因爲勉強移植的存活率可不高哪！

許多種樹的朋友也告訴我，樹就像人一樣，也有一些特立獨行的樹，如多加了解，就越發現樹的世界眞是浩瀚無涯。

多數人怕癢，有一種九芎樹也怕癢呢，我親自目睹過。

這九芎樹每年會蛻皮一次，新皮光滑無比，臺灣人戲稱滑到猴子都爬不上去，所以又叫它「滑猴樹」，我曾與種樹友人試試所謂的光滑程度，想不到它竟因我的輕撫而花枝顫動，眞像人搔癢難耐，讓我大開眼界。

人有君子小人，樹也有君子小人。

黃楊木就是樹中君子。原來它的質地細密，有輕淡的香氣，人稱君子木，很受雕刻家的喜愛。民間相傳這樹每年僅長一寸，閏年反縮一寸，的確是生長緩慢的樹。有君子就有小人，樹中小人衆多，像松柏、杉木、肖楠等都是，它們因落葉施放毒素，以致周邊沒有陪伴的樹群，注定孤獨。相較於這些孤獨的樹群，相思樹家族興旺，孿生兄弟特別多，但個性均剛烈，不論是直幹相思樹、臺灣相思樹，或是耳莢相思樹等，因爲是直根性樹種，一移植就死，只好從小苗開始栽培。有些樹竟會散發特殊味道，像黃金寶樹有香水味，竹柏有芭樂味道，豬腳楠則有刺鼻臭屎味。

樹花滿枝頭

以上這些樹再怎樣特殊，依舊比不過枝頭開滿花的大樹，就像濃脂豔抹的人，總是引人注目，其中佼佼者，就像五月雪的桐花及六月鳳凰花。

「雄兔腳撲朔，雌兔眼迷離，兩兔傍地走，安能辨我是雄雌。」這是〈木蘭辭〉中的一段經典，油桐樹也有雌雄同體，我曾經撿起地上的油桐花仔細端詳，雄桐花竟有十株有花粉的花蕊，雌桐花則僅有一株沒有花粉的分叉柱頭。有種樹的友人告訴我另一個更簡易的分辨法，他說：「花瓣整朵墜落的是雄桐花，輕飄空中婀娜多姿的一定是雌桐花。」令我更訝異的是，在滿地的桐花中，竟多是雄桐花，我對雌桐花稀少的感慨，借用曹雪芹那句：「花謝花飛飛滿天，紅消香斷有誰憐。」

五月後，接著就是鳳凰花開時。我曾住廈門，廈門的市樹就是鳳凰木，櫛次鱗比的行道樹，多呈傘狀，印象中鳳凰花與木棉花火紅程度相當。遙想當年，有關畢業的俗套落筆就是「鳳凰花開，又是畢業時節」。鳳凰花以最豔麗的身影，送走一批批莘莘學子各奔前程，也祝福他們畢業後歷經磨練，人人均可蛻變爲浴火鳳凰。

但我對花樹的觀察，印象最深刻的卻是木芙蓉。

以前只讀過「出水芙蓉」這句話，指的是荷花，如有女子被稱「出水芙蓉」，那是讚譽。但認識木芙蓉，緣自所住社區的中庭就有一棵，本來不知其名，出入社區忽略它的存在。有一天，它突然綻放了花朵，早上白色，下午粉紅，隔天下午又變爲豔紅，但是短短兩天即凋落，憐惜這木芙蓉，竟比水芙蓉還紅顏薄命，有人又稱它爲醉芙蓉，也許出自此因。

種樹豈能兒戲

一個地方要有良好的景觀，就必須多種樹，但種樹並不是挖洞澆水就好了，先要用心，有心塑造想要的意象。

我曾有種樹的經驗，在一座拱行橋下有寬約百米的排洪渠，從入口處種下約三百棵的巨尾桉，佇立橋頭，像極佛寺入口的天王諸神，護守大橋。從橋頭往主樓，再種下兩排黃金寶樹，這些黃金寶樹原產澳洲，樹高可長到八公尺，樹葉呈針葉狀，聞之有芬香味。從入口一直延伸至路底，利用優美的樹籬，塑造一條黃金景觀大道。橋前右灣大道周邊，再種一群樟樹，期待未來能有前人種樹後人乘涼的效果。從樟樹林望去，每個路的轉折點，又綴以萬紫千紅的鳳仙迎賓，如果說這些鳳仙是仙女，那樟樹就是威武不屈的武士，這樣安排希望有紅花搭配綠樹的效果。

走到主樓大門前，再種一排層次分明綠葉盤錯的細葉欖仁，以高聳入雲天的氣勢，象徵著營運節節上升。另外，大門前還有開黃花的黃槐樹、開紅花的羊蹄甲樹、雞冠刺桐樹，甚至秋天會變色的欒木。如果四季都有不同的樹開花，走近的人就印象深刻，易受感動。

我個人認爲種樹的意象，是一種藝術，沒有對錯，只要用心就好。如果走在人行道上，突然被一棵樹橫阻在前，只好被迫繞彎通過，這就是不用心種樹。若將大樹、路燈就都移在道路外側，就可讓出一條筆直的道路，全臺灣的行道樹如都能這樣種，多年後的陽光、燈光、星光，必然映照在各地的行道樹下。所以筆直的道路，其實是用心得來的。

寓意深遠的別名

臺灣人喜歡爲樹取名，我印象最深刻的是具有臺灣味的苦楝及茄苳。

苦楝是臺灣原生樹種，過去平地到處都是。當時窮人平日取其枯枝當柴燒，死後因沒錢買棺材，死後竟就地取材，把質地鬆軟的苦楝挖洞充當棺材，有人爲窮人抱不平，認爲窮人生前生活困頓，身後事竟也如此草率，感嘆「可憐！可憐！」（臺語音近似苦楝！苦楝！）這樹名隱藏了深深的關懷。

有人曾問我，最喜歡什麼樹？我馬上回答是茄苳。這茄苳的臺語叫

「加冬」，意思是祝福大家過好冬，所以茄苳樹是吉祥樹。樹幹筆直宏偉，樹冠呈傘狀，少病蟲害，重點是落葉少，省去打掃清理的困擾，我在臺灣各地種了許多茄苳樹，希望代我祈禱各地的朋友生活美滿。

我不是樹的專家，只是一個愛樹人，提到這麼多有關樹的典故，只是希望大家開始關注樹，用心去愛樹。臺灣爲何青山翠綠，樹種繁多？也有關臺灣的發展歷史。

樹後是一頁歷史

臺灣歷經荷蘭、明鄭、清廷、日本統治，人雖已走，樹卻留下來了。這些歷史的過客，爲臺灣移來不同的樹種，銀合歡、芒果是從中南美洲傳至印尼、菲律賓，再輾轉來臺灣的；果樹中的楊桃、文旦、荔枝、龍眼源自華南；日本人更從世界各地移來大量的樹木，像椰子樹、南洋杉、木麻黃。

這些過客，因爲樹，總算對臺灣有一絲憐憫的心。約四百多年前，當荷蘭人渡海從臺南安平登陸，眼看海風蕭瑟，海邊竟無防風林，於是從殖民地印尼移植了水黃皮，因爲那時只有荷蘭人知道，這樹調皮，這樹怪異，這樹竟然夏天落葉，冬天葉子卻青綠茂盛，九重風吹也不怕，它變成臺灣海岸的防衛軍。

從不同的視角看樹，就像在看生命的歷程，看歷史的流轉。爲什麼說樹可見證歷史呢？這是因爲人的生命有限，擔當的職位更是有限，常見上任時以種樹紀念，惟不久後即去職，但已種的樹管它人事興衰，依然屹立不搖。世界各地有悠久歷史的名勝古蹟，最常見的一定是巍巍巨木，例如嵩山少林寺，寺外即聳立有數百年的銀杏，平添古意。柬埔寨著名的吳哥窟，其中百年蛇木竟與寺廟主體建築糾葛一起，後人不忍砍除蔚爲奇景。

現代見證歷史著名的樹，尙有美國白宮前的木蘭樹。這棵大樹也叫「傑克遜木蘭樹」，因爲是美國第七任總統傑克遜種的。這樹的背後有一個大悲大喜的故事，傑克遜在一八二八年贏得總統大選，理應是喜事一樁，誰知他心愛的夫人，竟在他當選後幾天去逝。傷心之餘，傑克遜在入主白宮後，就在白宮南草坪前，特別種下一棵來自田納西州老家農場，也是她妻子最喜歡的木蘭樹。這棵木蘭樹，歷經三十九任總統，它見證美國兩百年歷史後，終於老到腐朽必須面臨砍除，但它終究是歷史的象徵，誰敢砍除？最後的決定以喜劇收場，老樹雖被砍除了，但又在老樹原處種一棵新的木蘭，讓這棵見證歷史的老樹傳承一段美好的眞愛故事。

我從孩提時就有愛樹的心，在臺灣及廈門一些地方，也種了好多的樹。樹彷彿是我們一生的隱喻，有時落葉，有時滿蔭；有時花開，有時花落。不同時節的樹，正如我們的人生，必須面對滄桑，面對繁榮，然後才會放下，走向自在。

有句話說：「人走茶涼。」但樹不會的，我偶爾會去看以前種的樹，當各地的朋友人事已非，但那些樹啊，總是迎風搖曳，熱誠歡迎我。佇立樹旁，總會陷入往事的濃情，茶就不再涼了。如問我多年後再探親植的樹，有什麼樣的心情？我借用關漢卿的讚語：「巧笑迎人，文談回話，眞如解語花。」人與樹的情感，翠綠的傘葉婆娑是巧笑迎人，枝頭搖動就如文談回話，並不是所有的樹都會開花，但我確定所有的樹雖然默默不語，但它們一定如解語花。

總歸一句，樹就是有情。

快樂處方 1：睡前「慈心禪」

心存感恩，對一個人情緒有穩定的作用。每個人的宗教信仰或許不同，感恩的心卻可以一樣。感恩的人，會祝福每個人過得好，「慈心禪」就是練這方面的功夫，這方法來自佛教禪學，要我們不追求瞋念，無作為，祝福的對象，可以依序選陌生的人、朋友、家人、自己，進行方式是針對上述對象依序默唸：「願○○平安，願○○健康，願○○快樂，願○○快樂地善待自己。」順序內容如亂了也不用在意，這只是提醒你感恩而已。

有人說：「一斗米養個恩人，一石米養個仇人。」我也曾抱怨某些人的無情無義，但以過來人的經驗告訴你，只有感恩才能化仇恨，因為這些人是你現世的老師，你能放下，就少個仇人，如果你練會「慈心禪」，就不會把仇恨放心底。我在臺灣各地種了許多樹，每次重回舊地，發現這些樹的枝葉隨風搖曳的樣子，彷彿揮手歡迎我的歸來，並叩首向我感恩，所以我稱它們為「有情樹」。

人是該學樹懂得感恩，你看風月有情，那照拂就日日夜夜。建議你，睡前不妨唸個「慈心禪」，或用禱告等類似方法練習感恩。剛接觸這方法，原本抱持不相信的態度，想不到日復一日沉浸其中，心寧神靜，心存感恩的心，原諒討厭的人，如同樹般的有情後，或許可以燃起你久違的快樂。

避走鳥

這是一隻「家八哥」，牠用心覓食，走路避敵，不作驚弓飛鳥。學牠專心，不再瞻前顧後，**消除「瓦倫達心態」**後，壓力自減，快樂就來。

鳥，生活在我們周遭，但我們並不了解牠們的習性。如水雉母鳥在生卵後就飛走了，幼鳥是由公鳥餵養長大；斑尾鷸可不吃不喝一次飛越萬里；高蹺鴴，遇到敵人竟會裝傷保護幼鳥；公鴛鴦的配偶一個換一個，所謂「只羨鴛鴦不羨仙」，應是美麗的誤解；另外，鳥在繁殖期才會築巢，倦鳥常常是棲樹不歸巢的。

還有，我們對鳥的印象，很多是來自詩人的想像，你看：「池塘生春草，園柳變鳴禽。」謝靈運用鳥鳴叫出初春的美景：「落霞與孤鶩齊飛，秋水共長天一色。」王勃把飛翔的白鷺襯托秋天的美景：「鳳兮鳳兮歸故鄉，遨遊四海求其凰。」司馬相如又用鳳求凰表達了愛情。

詩人也多愁善感，多數的鳥被寫成悲傷的意象，你想：「感時花濺淚，恨別鳥驚心。」杜甫寫的是恨；「飄飄何所似，天地一沙鷗。」杜甫刻畫的是漂泊；「枯藤老樹昏鴉，小橋流水人家，古道西風瘦馬。」馬致遠想表達蒼涼；「舊時王謝堂前燕，飛入尋常百姓家。」劉禹錫說的是世事無常；「人生到處知何似，應似飛鴻踏雪泥。」蘇軾隱喻的是人生渺小；「雁字回時，月滿西樓。」李清照又用「雁字回時」，透露了她孤獨的等待及思念。

掠奪的惡霸

我們不是詩人，生活中也只會俗氣的說：「人爲財死，鳥爲食亡。」只是，這樣對鳥而言未免太簡單了，更不能認爲鳥一生只爲吃而活。

以「鳩佔鵲巢」爲例，從字面上判斷，很多人以爲是斑鳩佔了喜鵲的巢，其實佔巢的是杜鵑。杜鵑並不築巢，把蛋產在別的鳥巢裡。這種托卵行爲是爲了生存，爲了繁衍下一代。杜鵑還會移走寄主的一個或更多的卵，以免被寄主看出卵數增加，牠下蛋後，就把其它的鳥蛋或幼雛推出鳥巢，再由養父母餵養長大，所以杜鵑其實是「惡鳥」。

所謂「杜鵑啼血」，也是人們對杜鵑的誤會。原來杜鵑嘴偏紅，詩人白居易在《琵琶行》裡一句：「其間旦暮聞何物，杜鵑啼血猿哀鳴。」隨著白居易的盛名，杜鵑的形象也深入民間。看來，形塑印象還是頗爲重要，因爲多數人不知杜鵑鳥的惡霸行爲，迄今，仍受詩人所述影響。

還有一個惡霸的鳥是烏鶖。

記得小時候，路過烏鶖群聚的電線桿，總是非常害怕的，因爲牠喜歡從天而降追逐我們，那模樣氣勢凌厲逼人，偏偏小孩就愛玩，把挑戰烏鶖當作冒險遊戲，烏鶖越囟，越是充滿奔跑被追的樂趣。那時候邊跑還能朗朗上口：「烏鶖烏鶖，嘎嘎啾，呷刺瓜欸肉，蘸豆油，豆油豆油捧咧走，烏鶖烏鶖嘛嘛號。」回想童年，烏鶖竟成了免費的玩具，但在孩提時代已深知牠是「惡鳥」。

另外，烏鶖喜歡在電線築巢，麻雀愛在電線桿洞做窩，電線與電桿的關係，麻雀就遭殃了。烏鶖喜歡偷麻雀的巢材，來修補自己的老窩，這也是大自然的競爭法則，麻雀只能自求多福了。

烏鶖把巢築在電線上，因爲電線避樹的關係，烈日晒巢是免不了的。在育雛時期，烏鶖竟展翅爲其幼鳥遮陽，忍受烈日晒背之苦，這也是令人印象深刻的一幕。

還有一種夜鷺鳥，臺灣人叫牠「暗光鳥」，是整晚不睡覺的小鳥，也是一種很聰明的鳥類。捕魚時，會先把野果等魚餌扔在水裡，然後在岸上等待，一旦發現獵物，牠就會迅速的衝入水中，啣魚到口，但同伴的搶奪開始了。在兩隻夜鷺爭魚的同時，還有其它夜鷺在旁，好像「螳螂捕蟬，黃雀在後。」的道理，在爭搶之間，萬一魚又落地，結果魚落何方還不一定呢。

鳥情鳥意

當然，鳥的掠奪是生存的本能，有些雌鳥雄鳥的互動，也是令人嘆爲觀止。在夏天是候鳥小燕鷗的求偶季節，雄鳥必須叼魚向雌鳥獻殷勤，經過無數的努力，一次又一次的叼魚過程，直到某隻雌鳥身體前伸，張翅揮動且發出鳴叫聲，那才表示雄鳥求愛終有成果。

但求偶過程，不是都這樣順利的。就有鳥友看過一隻瘦小的雄鳥，叼了一隻蝦，向雌鳥示愛，不知是否每隻雌鳥看牠不夠強壯，竟都退走。也有些雌鳥吃了魚就落跑，好像愛情騙子。也有些雄鳥引誘有伴的雌鳥，而造成雄鳥間大打出手，這些精采的畫面，常可在每年夏天的出海口看到。最終又回到一雄一雌，因爲牠們有繁衍後代的使命，當把蛋生在灼熱的沙灘上，牠們一起努力，隨時沾濕翅膀幫蛋降溫，如有捕獲魚蝦亦彼此分享，直到小小燕鷗出生。

這些看得到的現象，的確有趣，但我更有興趣的是：雌鳥怎會推拒雄鳥獻殷勤？明明有不勞而獲的魚蝦可飽食一頓，何必拒牠於千里之外？至少表面上的虛情假意，也可換來短暫的口食之欲。

人類約四歲以後可知男女不同，可表達喜歡或不喜歡。是不是小燕鷗也有人類的智慧，視愛情爲一生的懸念，不會屈就於五斗米？抑或是牠們天生就有此能力，要淘汰弱者，這就不得而知了。

談到鳥的愛情，鳥中，鴿子也算是專情者。

我有一位養鴿朋友，告訴我一個有關鴿子的愛情故事。他說：

「一般是兩隻鴿子一窩，放飛後，如有一隻沒飛回來，另一隻就不再退窩而踱步整夜，盼著伊鳥歸來。」這是鴿子的天性嗎？比之李清照的孤獨等待，實在不相上下。

生命樂章

但是，不管是鳥的掠奪，鳥的愛情，我最關注的，還是鳥究竟是怎樣求生存的。

第一次覺得鳥求生存的悲壯，是在讀到「精衛塡海」的故事時。精衛就是一隻小鳥，相傳原是炎帝的女兒，少女時不幸在東海游泳溺斃，並化成一隻不斷呼喚自己名字的精衛鳥，且試圖用西山的木石，把淹死牠的東海給塡平。這復仇的生存故事，終究是神話，我看鳥為生存所做的努力，是從小到大的觀察心得。

那是一九七〇年代，家鄉在臺灣北部的一個小村落，遍布竹林，養小鳥是童趣，常見的小鳥，包括畫眉、鷺鷥、斑文、黑鳶、斑鳩、綠繡眼、紅嘴黑鵯及麻雀等，其中大人交代不可以抓來養的，就是麻雀了。

只是，越被交代，小朋友的好奇心越被勾起。我與童伴曾經抓麻雀來養，這麻雀野性十足，抓進鳥籠裡，不消片刻，牠便魂歸西天了。是驚恐造成？還是傳說中的咬舌自盡？這結果，讓我們從此不敢再抓麻雀了。

長大後，從鄉村搬到都市住，路上還是有一些鳥類，最多的終是麻雀。麻雀給人的印象是嘈雜的、卑賤的，如鴉雀無聲、麻雀變鳳凰。我有一位同學，在畢業紀念冊上寫著：「燕雀安知鴻鵠志。」唉呀！他竟把我們當作燕雀之流，但這位鴻鵠目前可是牙醫師喔！

還有人把方城之戰，也說成打麻雀，經請教專家才知，原來古時有很多糧倉，常有麻雀搶食爲患，故官方鼓勵百姓打麻雀，打到的麻雀隻數還用「護糧牌」計算，以資鼓勵。這「護糧牌」也可玩遊戲，故稱打麻雀，但中國各地，方言口音複雜，又把打麻雀說成打麻將了，純粹是口音差異。

我觀察到都市的麻雀，與一般鳥兒不同，麻雀絕非驚弓之鳥，當有人靠近，牠竟用「閃飛」方式，保持與人的警戒距離，仍然繼續留在原地覓食。這「閃飛」已違背一般鳥兒的生存方式，牠們成了鳥界的冒險家，活躍的討生方式，竟讓史書也提起牠。

爲麻雀立千秋的人是司馬遷，他一生坎坷，不是我們探究的重點，我注意到的是，他在史記《汲鄭列傳》裡這麼寫著：「夫以汲、鄭之賢，有勢則賓客十倍……及廢，門外可設雀羅。」以史記著書時間約在兩千一百年前來看，在漢代，麻雀已是當時活躍的鳥類，牠的生命力強大，令人肅然起敬。

像麻雀一樣，美麗的臺灣藍鵲爲求生存也做了很大改變，藍鵲是靠團結合作求生存。

一般藍鵲每年生兩窩，每窩大約有三至八顆蛋，約需十七天孵化，幼鳥孵出後約二十二天會離巢。長大後的藍鵲，爲了讓自己身強體壯，會使用「螞蟻浴」，將螞蟻塗抹到羽毛、皮膚上，藉著蟻酸去除身上的寄生蟲，這也是爲了生存。另外，藍鵲也有「童養媳」的作法，各窩的雌性藍鵲會交換養，以避免近親繁殖，這也是爲了生存。

爲了下一代，牠們的護巢心很強，在育雛階段，會猛烈的用翅膀揮擊、驅離抵抗入侵者，離巢後的幼鳥，也會留在鳥群中與成鳥一同生活，留在巢邊協助親鳥尋找巢材、餵食雛鳥或共同禦敵。

避走的八哥

但是，我觀察到求生能力最強的鳥，非八哥莫屬。八哥遇到人，鎮定的功夫，尤甚於麻雀，這功夫叫「避走」。

都市裡的八哥，是不怕人的，態度永遠那麼氣定神閒，猶如「你走你的陽關道，我過我的獨木橋」般自在，有這種功夫，讓臺灣街頭巷尾被八哥攻陷了。不管用力走過或開車經過，就是嚇不走牠，這鳥就是不鳥人，繼續用「避走」的方式覓食。聽說這些鳥都來自泰國，臺灣純種八哥，數量已漸稀少。我不禁感慨，這外來種的八哥，不遵守鳥遇人即飛離的習性，以「避走」方式獨步鳥界，反而在都市的環境中生存下來，值得我們學習省思。臺灣人如再討厭勞動工作，不像先人勤勞努力，我看人同此鳥，將來勞動工作都靠移工，臺灣人生存競爭力堪憂啊！

談鳥事，也有心得。那就是每個人都有自己的人生經歷，不也是充滿如鳥的生存競爭，不論好事壞事，人生總須經歷過波折動盪，若干年後，回想起來，才有屬於自己的流金靜好。

人生鳥事既無法避免，何不也學學八哥，避走個幾步，也許一切就海闊天空了。

快樂處方2：消除「瓦倫達心態」

瓦倫達是美國著名的高空鋼索表演者，每次表演前，他只想著「走鋼索」並專心準備，不擔心其它事情，一直表演成功。有一次，他反常了，上場前不停的說：「這次太重要了，不能失敗，絕不能失敗。」這次他失敗了，不幸失足身亡。故心理學中把這種不專心致志做事本身，而是一再考慮做這件事可能帶來的後果，從而患得患失的心理現象，命名為「瓦倫達心態」。

我仔細觀察家八哥鳥，發現牠覓食時相當專心，故意嚇牠，也不會像一般鳥兒馬上飛走，只是避走幾步，故我稱牠為「避走鳥」。我從牠覓食的從容感悟，也決定從細嚼慢嚥開始改變（這件事小學就教了），因為我相信，習慣改變，態度就會改變；態度改變，心就會改變；心若改變，人生就會改變。

朋友！何不將人生寫成慢活，並由吃開始。建議你，用餐的時候，不妨先嘗試某幾口咬個十五到二十下，再慢慢養成細嚼慢嚥的習慣，並擴大到每天把吃、喝、拉、撒、睡人生五大事做好（至於怎麼做，市面相關書籍很多，參考即可，重點是每天要有心做，做久了就習慣了）。長期下來，可減少瞻前顧後的想法，慢慢就如家八哥鳥般自在，消除「瓦倫達心態」的羈絆後，或許可以燃起你久違的快樂。

泥菩薩過江

我在操場超慢走運動，沒有想別的，只是用心感受我走了幾步，哪一腳較用力。**練就「正念減壓」**後，壓力減少，快樂就悄悄的來呢。

有句話說：「泥菩薩過江，自身難保。」年屆中年之後，更有感受。因爲這時的人生已歷經風霜，且爲養家不得不忙碌工作，眞的是自顧不暇。像這種中年危機感，平常不好向旁人傾吐，最好的場合就在同學會。爲什麼呢？一則老同學嘛！熟識度夠，再則境遇雷同，故所有的話可以說得明白，說得淋漓盡致。我把這些互吐苦水的現象，戲稱爲「中年牢騷」。

這牢騷，雖因人有些差異，但仔細歸納，亦有不少雷同之處，苦水內容大略是這樣子的：檢視過往的年輕歲月，屬於自己的時間寥寥無幾，人生倒像是在下象棋。有時候是棋子，任人橫向東西縱向南北；有時候自己是下棋的人，惟仍需聽命走過楚河漢界。

感嘆啊！人生就像管理學的「80／20法則」，選擇了大格局，縱橫江湖，升官發財，仍有二〇％的人說你喪失了自我；選擇了平淡，重視生活，又被八〇％的人冷言酸語，說是平凡。人生在某些時候，就這樣徘徊蹉跎掉了，由不得自己。眞實的人生，誰不喜歡躺在大樹下，冥想有趣的事；或躺在草原上，享受陽光的味道。只是，爲了養兒育女的責任，只好爲五斗米折腰，選擇庸庸碌碌流轉多年。

可是，在紅塵中，誰不曾萌生夢想？總想掙脫平凡的日子，創造自己的格局；總想世間棋盤夠大，只要努力一定有所得；總想正面看待慘況，期待陽光；總想寬待別人，朋友滿座；人生就有這麼一堆的夢想。只是，生活卻多遇到無奈，夢想的事總又落空了。每看到別人早就過著閒雲野鶴的日子，又不自覺落寞不已。

要不得的中年鬱悶

以上的歸納，只是中年人的普遍感慨，說出來叫牢騷，不說出來，恐須改稱「中年鬱悶」了。臺灣人把這種有事埋在心裡的現象，叫作「心肝結歸球」。因爲鬱悶多了，就好像球撐大了，充滿了泥菩薩過江的憂心，這形容眞是貼切。我曾問醫界的朋友，這種憂心會不會是病啊？

朋友說在醫學上，管這種憂心忡忡的人，叫做有「避害性格」。有此性格的人，最愛有事沒事預期性擔憂，明明不會發生的事，就莫名其妙害怕起來，從外表來看，這種人是一臉倦怠，自嘆自艾，充滿無力感。結果是越想「避害」，越是發生憂鬱、焦慮而偏頭痛或失眠，根本是越避越害啊！

我認爲像這種「中年鬱悶」現象，其實是不必要的。因爲發牢騷雖令旁人討厭，但有不平之鳴，總是情緒的反應，停留在感慨，那叫「通病」，「通病」終究還不是病啊！因爲照前面臺灣話的解釋，發牢騷的話，心肝就不會結成球，較不容易得病啊！是故發牢騷似乎比鬱悶較好。

佛說：「菩薩畏因，衆生畏果。」講的就是這個道理。也就是勸人千萬不要有鬱悶的因，產生了生病的果。

規勸四面八方襲來

當然，生病終究還是要找醫師。不過，如果還不到鬱悶成疾階段，但已讓知心好友都看得出來，因爲怕你生病，接下來的場面，就是各方的「規勸」。

這場面極爲普遍，極爲囉嗦，從四面八方來。

這「規勸」的場景，常是別人說，當事人負責聽。左一句「良藥苦口利於病」，右一句「忠言逆耳利於行」，什麼道理都能搬出來，當事人多數是左耳進右耳出，沒什麼效果。怪不得有人說，一個人的態度、行爲、信賴、忠誠，是不可能用說的來改變什麼；但是，這「規勸」對鬱悶的人，可辛苦了。面對來自各方的好意，心裡雖招架不住了，但性格使然，這種苦又只能往肚裡吞。

還好，這群「規勸」隊伍中，也有溫柔的人，他們說看禪詩也可靜心。一般禪詩是來自禪修心得，古來禪詩不知凡幾，但我從一些禪詩中，也看到了憂愁的共同端倪。

其中，我認爲講得最明白的，就是宋朝禪師無門慧開的禪詩〈頌平常心是道〉，她在這首詩這麼寫著：

「春有百花秋有月，夏有涼風冬有雪；若無閒事掛心頭，便是人間好時節。」

由此可見，無門慧開禪師應是認爲心中有「閒事」就容易鬱悶，既然鬱悶，哪看得到春花、秋月、夏風、冬雪啊！像這樣的見解，比她早出生約四百多年的唐朝詩人王維，也有同感。他在〈鳥鳴澗〉這首詩中這麼形容：

「人閒桂花落，夜靜春山空；月出驚山鳥，時鳴春澗中。」

可見詩人王維也認爲人有閒，才能感受花落、山空、鳥飛、鳥鳴啊！但是，心中有「閒事」，推究也不是人語或禪詩規勸就可消除。因爲那是別人的經驗、別人參悟的智慧。人眞要靜心，恐怕要自己做些什麼，靠自己體驗才能有救吧？我再次請教醫界的朋友：「世間有沒有一帖解救良方？專治這種憂心忡忡的病啊！」

解憂乍現

還眞有方法，但這種參考佛學的減壓方法，也未免來的太晚了。

假如我們以西元六十七年東漢佛教傳入中國算起，那麼一九七九年由卡巴金教授，於美國麻州大學醫學院附屬醫院，創始的減壓門診作結算，以醫學科學方法去評估類似禪修的成果，足足等了一千九百多年。

這減壓門診的方法，大約是上爲期八週的「正念減壓」課程，其正念源自於佛教禪學的概念，但我不談學術的，我有興趣的是這課程眞有用嗎？我的醫界朋友查了一些結果，讓我訝異，並有了學習興趣。

過去禪修對身體健康的影響，是有一些蛛絲馬跡，《黃帝內經》上是這樣形容：「恬淡虛無，其氣從之；精神內守，病安從來。」

但禪修無科學量測結果，總是較無法服衆。惟這正念減壓課程，因爲是西醫，就有了一些較科學性的學術報告。但我不講專業嚴謹的學術報告，我只挑這「正念減壓」的科學量測成果中，令我驚嘆的部分來說。

研究發現正念減壓課程，可以大幅增強大腦左前額葉的活性，而大腦左前額葉的功能，和幸福感密切相關；研究顯示大腦可塑性是可延續的，也就是說修行的結果會累積，而且大腦功能不會因爲停止修行而下降；它也可以讓腦部調節壓力和焦慮的神經纖維束連結更完善，讓壓力和焦慮的情況可以改善。最令人吃驚的發現，則是針對禪修經驗豐富的西藏喇嘛大腦研究實驗，正念練習與靜觀可以改變人的心智，進而改變大腦。

心意合一

這些研究發現當然須經更嚴格的論證，但世間有些事，只要不是怪力亂神，我是願意學習的，更何況學習解憂之法。聽完醫界朋友的說明，我實際去體驗了「正念減壓」課程。這課程有太多難懂的術語了，依照我的看法，乾脆一點，如把「正念」直接改說「用心感覺」也許較能理解。「用心感覺」的方法，就容我說些實際的作法及感受。

第一招叫「禪定」。

「禪」字造得眞妙，左邊一個「示」字，右邊一個「單」，表示簡單生活就是「禪」啊！修禪，並不是要你成爲道行高深莫測的大僧，只是要你生活簡單，有了簡單省思，例如開車要專心，不能看手機等。我再以一個例子來說，魚販爲了保持魚的新鮮，在夏天運送時就會加冰塊，讓魚進入假冬眠狀態，到了賣場再解凍，魚兒又活蹦亂跳的，自然降低運送死亡的損失。同樣的，簡單生活就如魚兒假冬眠，讓身體健康得到促進。

第二招的動作就多了，包括「呼吸練習」「身體掃描練習」「瑜珈練習」「走路練習」，再容我用一些文字形容那情景。

「呼吸練習」是微閉眼，感受自己的呼氣與吸氣，感受空氣在全身的流轉狀況；「身體掃描練習」是微閉眼，用心掃描從頭到腳各部位，心裡並同時呼喊「放下」；「瑜珈練習」則是由各種筋骨舒展動作，把自己「痛」的部位記起來；「走路練習」則是專注自己每一個步伐，感受腳跟、腳掌至腳趾頭的狀態。

進行這些練習，我的感受是，這些動作再普通不過了，但忙碌的生活，竟讓我們忘記這些動作，以致呼吸緊促、身體僵硬、筋骨酸痛、走路歪斜，日積月累，不病才怪。

泥菩薩過江

不同的人參加「正念減壓」課程，就好像每個禪修的人，其領悟自是不同。我是凡人，我的領悟也平凡。

第一個領悟是找到藉口。

原因是這樣的。我練習「慈心禪」，不會因此就到達心慈的境界，只是口誦或心念一些話，但這些簡單的話，讓我有了藉口，有了臺階下。怎麼說呢？想想自己念的既是要有「慈心」的禪，豈能不心慈一點？加上日日念，竟也不計較了，雜念既除，憂心就眞的不再。

第二個領悟涉及的是數學問題，容我再細加說明。

身體力行「呼吸練習」「身體掃描練習」「瑜珈練習」「走路練

習」，當下要忙的事很多，要執行的程序動作也多，怎麼還有時間去惦記過去或憧憬未來？這樣講恐不容易明白，再舉最尋常的睡覺說明。

「正念減壓」課程教導睡覺前，必須專心掃描身體各部位，一一默念放下，再吸氣吐氣數回合，感受自己的呼吸，往往在練習過程中，因爲放鬆而自然入睡，這是因爲只面對當前一件事。如果同時間，心裡還記著過去自己睡覺時間不夠，甚至檢討未來的睡覺改善計畫，這下子多了兩件事，用數學加一加數字，這樣一來，不就讓你的負擔多了兩倍，鐵定失眠。所以，我才說這是數學問題。看來只要用心感受做好當下的事，其它都不用管了，才是最合適的選擇啊！

你問我現在好嗎？我仍會「發牢騷」，也還會「憂心忡忡」，但有了「正念」輔助，用心去感覺當下，重點是踏出第一步，人生就眞來了一次髮夾彎，健康也失而復得，生命就這樣再度璀璨漾開。名歌手翁倩玉所唱的〈祈禱〉，其中的一段歌詞很能形容現況：

「讓我們敲希望的鐘，多少祈禱在心中；讓歡喜代替了哀愁，微笑不會再害羞。」

當然，我也承認，泥菩薩過江，還是有可能自身難保。不過，誰說泥菩薩過江不能搭船啊！願這「正念」就是我的船，搭載我到各個港口。下船後，讓我繼續勇敢的攀登大地階梯，勇敢的撥開荊棘石壘，讓我在流金歲月，漫漫人生裡，不再踽踽獨行。

快樂處方3：練就「正念減壓」

從字面上來看，本來以為用正向思考就能減壓，其實是誤解了。「正念減壓」真正的意思，如果用「禪」字解釋，反而更恰當。這「禪」字拆開，就是「表示簡單」，生活要簡單，必須「用心感覺」當下所做的事，這才叫正念，就能減壓了。

故「正念減壓」課程中的「呼吸練習」「身體掃描練習」「瑜珈練習」「走路練習」等，就是為簡單生活所設計的課程，但是「活在當下」

知易行難，「起而行」才是培養正念最關鍵的事情，如果你能堅持下去，總有一個時候，連上帝都會佩服。

天上人間事，用心感覺是王道。建議你，快去練幾招正念減壓的方法（市面上其它教人減壓的方法很多，如禪修、禪繞畫等，你可以選擇你所愛）。不知道如何行動？那就每天從刷牙、洗臉開始做吧，認真的刷牙、認真的洗臉（注意自己刷了幾次牙，洗了幾把臉）。消除你胡思亂想的習慣後，擴大到做其它任何事情都是單一的（例如走路不再看手機，認真走路）。壓力自然獲得紓解，或許可以燃起你久違的快樂。

三摩地

這是觀音山上的楞嚴閣，閣前對聯就見「三摩地」三字，它是指內心平靜。透過每天**靜臥「三摩地」**並轉念「我擁有」的心態後，有一點快樂竟就心滿意足了。

家在林口，常爬觀音山，「楞嚴閣」在觀音山一隅，古味十足。這閣雖已深鎖，但大門對聯「楞伽說法利人天，嚴淨燈傳三摩地」引人凝視。頭二字楞嚴，即指《楞嚴經》，《楞嚴經》是經典佛經之一，這經是給一般老百姓開智慧的，我不說經，我有興趣的是「三摩地」這三個字。

「三摩地」，它是梵文「Samadhi」音譯，它的意思，靜坐的人說的最好。他們說在靜坐時，如果是採用「止」的靜坐法，注意力會被貫通到一個非常細微的點，最後連這個點都虛無，消失無蹤了，心被安住了，心靈感受到新的境地，重新以靜心的眼光看待這個世界，所以「三摩地」白話一點說，也可視爲心靈達到止息的境界，這個境界就是超覺境界。

還有另一種「觀」的靜坐法，提出的觀點與「止」的觀點殊途同歸。這類靜坐法，就是所謂的正念靜坐，純以旁觀者角度，看見一切，又將一切放下，不會停駐於任何一物，結果是心也被安住了，但這叫「禪定」，心中無雜念，心靈因捨念而清淨。

這兩者的感受如用更白話來說，就是內心平靜，就是內心快樂。

尋找三摩地

我爲了體驗靜坐是否可以得到內心的平靜與快樂，特意去參加了幾次的禪修，靜坐時，更嘗試以七分閉眼三分開眼方式深呼吸，只是自己耐不住久坐，每次靜坐到後來總感覺尾椎疼痛，只好退出，今生是無緣參悟「三摩地」或「禪定」的境界了，但禪修的環境一般布置得優雅肅靜，也可換來內心的短暫平靜。

可見環境還是有可能影響一個人的心境，這讓我想起過去到泰國考察SPA的往事。那時爲了規畫一處醫療性質的SPA，特意去泰國觀摩，泰國在SPA方面的費心，也令我大開眼界，他們有類似臺灣國術館的傳統泰式按摩，一隻手可以按摩兩小時的皇式按摩，先看診診斷的醫療按摩，以及靠自己動手的體會式按摩，但這都只是SPA的一部分，泰國人認爲眞正的SPA，環境上必須讓你聽到清新的音樂、吃到健康的飲食、聞到天然芳香精油的味道、看到美麗的布置，讓聽覺、味覺、觸覺、嗅覺、視覺全部到位，當我一步一步走在鵝卵石上，再認眞清洗自己的腳，身心也獲得了短暫的放鬆。

但你如問我在靜坐或ＳＰＡ後，可曾感受到「三摩地」的境界，答案是沒有的，這純然是個人的自覺。因爲從小到大，你我或多或少都曾有「三摩地」的經驗，再仔細回想，這樣的經驗，是否也隨著自己的年紀增長，逐漸減少了？

答案是肯定的，人在長大後是會越來越內斂，就不容易因小事而快樂了。

最初的三摩地

記得小學時，快樂是無所不在的。印象最深的是吃到「金甘仔糖」的快樂。那時鄉下只有柑仔店，那種店的衛生條件不怎麼樣，糖果均放在已變色發霉的塑膠罐內，這當中也包括我愛吃的「金甘仔糖」。由於家窮，我也沒有零用錢，只能去撿瓶瓶罐罐變賣，獲得幾角錢後，就迫不及待去柑仔店，指著要買那七彩「金甘仔糖」，老闆拿出的「金甘仔糖」有時還黏在一起，急著含在嘴裡不敢咬碎的甘甜滋味，那眞是發自內心的快樂。

另一個深刻的記憶樂痕，就是與鄰居小朋友豢養小鳥了。偶爾遇到鳥屍，還會集體合作爲小鳥舉行樹葬，這儀式每人都默默貢獻了心力，挖穴、墊葉、夯土、立小石碑，那時年紀小，不知做壞事來世可能會墮落三惡道，卻誠心誠意的做這件事，總覺得如此才能心安理得，每次完事也衷心快樂。

鄉下孩子醒來就只想野在山裡，全身玩得髒兮兮，那就是無憂無慮，快樂自在的童年。

遞減的三摩地

後來忙於課業，我發現快樂呈遞減趨勢，且記憶難忘的快樂都緣自異性的青睞。因爲我自認平凡，也就變成了宅男，但愛女生的心可從未幻滅，舉凡受獎時從女生班前跑過，或在校慶開放宿舍參觀，如有受邀女生前來，我的內心都是雀躍不已。

回想在學時，只有課業壓力，學生生涯還是愉快的。工作以後，快樂又再遞減，所謂的人生四大喜事或五子登科，竟只有在娶妻時、有了孩子時，才讓我從心底喚出快樂。對我而言，長大後想要快樂已不再是一件容易的事了。

追根究柢，可能是生活的重擔，自己把內心給複雜化了，這情形我用《刺鳥》這本書來說明。這本暢銷書書名是來自於一個傳說，有一種鳥，牠一輩子只唱一次歌。唱歌前，牠必須先找到最長最刺的荊棘，然後把身體插入棘刺裡，在奄奄一息中，牠唱出比雲雀、夜鶯更好聽的歌曲，這個傳說，隱喻美好事物必須經歷痛苦的過程。

苦味的三摩地

長大後的快樂，有時候眞的是先嘗到苦味呢！

有一次我被指派籌組一個百人合唱團，爲近萬名員工表演。這個節目，雖不必像刺鳥那麼悲壯，但因有知名樂團壓軸，最高主管又交代節目要有高度歡樂效果，基本上就是要在短期內，訓練一支載歌載舞的合唱團，我因無相關組團經驗，自然暗暗叫苦。

首先表演橋段及節目內容，由於非艱深的課題，各方容易各抒己見討論不休，歷經無數的協調才有定論，居中折衝眞是辛苦。爲了突顯出熱鬧的演唱效果，特聘請專業的音樂、律動及服裝老師。但是專業人士也最愛堅持，最有定見，如何勸導他們放棄堅持，並同意放入她們認爲俗氣的表演，著實費了一番功夫才有共識。另由於參與員工來自四面八方，集訓時間短，這些人多數無舞蹈基礎，歌詞記不起來，又常因公務缺課，動作就是參差不齊！

只好鐵腕要求，訂出排練紀律並隨時鼓舞團員，在軟硬兼施下，排除一切困難，團員間從陌生、勉強、惶恐開始歷經五味雜陳的過程，有人邊帶小孩邊記歌詞、練舞步，團員平靜的生活起了漣漪，然後大家悸動了、凝聚了，終於記住四首歌一千兩百多字的歌詞，純熟迴旋了兩百多次的舞步，最後以磅礴的氣勢登臺，在近萬名員工驚訝熱情的掌聲中結束表演。

隨著表演結束，我的內心負擔終於解放了。心情就像表演歌曲之一《眞心英雄》的一段歌詞：「把握生命裡每一次感動，和心愛的朋友熱情相擁，讓眞心的話和開心的淚，在你我的心裡流動。」那段經歷已是我人生中一段美好的記憶了。

這種先苦後甘的過程，是在成長中必然的經歷，可是，爲什麼有人的快樂，竟然如我的童年，快樂得那麼容易，像臺灣的賣菜阿嬤陳樹菊及偉大的德蕾莎修女。

陳樹菊女士說：「拿錢去幫助人，其實自己收穫很大。那種快樂的感覺，很平靜，是從內心裡發出的快樂。」德蕾莎修女則說：「如果你找到了平靜和幸福，可能會有人妒忌你，不管怎樣，你還是要快樂。」德蕾莎修女又說：「快樂無須探尋：只要以愛待人，就能得到快樂。」

我只是一個凡夫俗子，要我像德蕾莎修女一輩子刻苦幫助窮人，我做不到；要我像陳樹菊阿嬤一樣，拿錢助人自己卻刻苦生活，我做不到；我的年紀漸長，每件事都要先苦後甘，我吃不消；至於再獲女生的青睞，以及童年的無憂歲月，我認清也是一去不復還了，所以我的「三摩地」已變得更遙不可及。

何必苦尋三摩地

於是，我開始努力追尋，想找一個最好的辦法，找回我童年初心的快樂。直到聽到黃美廉博士的演講，終於指引我容易快樂的一盞明燈。

腦性麻痺的黃美廉博士某次演講時，有位小朋友發問：「妳長成這樣，有沒有因腦性麻痺的頭歪嘴斜感到憤怒過？」這問題唐突又尖銳。博士不能講，她用筆代答：「我很可愛，我有隻貓……」最後她寫到：「我只看我所有的，不看我所沒有的。」

初次看到這段文字，我很感動，找到如何快樂的曙光。仔細想想，我擁有很多啊！我有西裝、我有黑髮、我有笑容、我可愛、我吃好、我睡好……不要再看沒有的，只看你我所擁有的，在登山遊河時，讓我們大聲的說：「我們的草原，大家的河。」

心頭擺了沒有的閒事才是無法隨時快樂的原因。那要怎樣擺脫心頭的閒事？我認爲，大家可以從「我擁有」開始找到最初的快樂，我是從我擁有的同事及家人做起。

身邊就有三摩地

有一陣子我在基隆上班，擁有一群朝夕相處的同事。中午用餐時間是我們最愉快的時光，最喜歡學香港上班族，利用短短的午休時間，同事們圍著餐桌來一頓「福食」，意思是圍桌吃飯，吃了會平安福氣。

在我服務的機構周邊，小吃店林立，外食甚是方便。與同事們成群結隊，找家店解決午餐，就變成上班中間愉快的事。我那些愛嘻鬧的同事們，調皮的東轉「竹藤」西挑「木野」，忽又指「食水堂」，最後擇定「利巷」。下雨就到「三商巧福」，出晴即繞遠路至「勝牛肉麵」。各店料理雖各有特色，重點是大家都自己付錢，自己點食，但桌子可一定要搬成團圓狀，大家圍桌話家常、開玩笑。用餐後，有人拎個豆花粉圓，犒賞自己。甚至在回辦公室的路上，又再細數路旁白千層、肉桂、茄苳樹的老故事。有句老話說十年修得同船渡，百年修得共枕眠，同事呢？我說那也是千年修得同事緣。我擁有這些同事，就像家人，每天在一起八個小時以上，有些事或許我忘了，但「福食」的那些日子，迄今難忘。

我曾去廈門長駐工作，最牽掛的永遠是我的家人。老婆在我每一次短暫回去時，桌上準備的永遠是我最愛吃的食物，照顧是無微不至的。有次情人節，我決定也送花給她，卡片寫上最誠心的情話，那天晚上，聽到她在電話那頭說：「情人快樂。」我的老婆一直是很浪漫的。

我曾經問女兒想不想爸爸，她說：「只有飯桌上的菜飯吃不完時，才想到爸爸。」可是，偷看她的生活札記，滿滿都是寫想念爸爸，晚上常透過手機與我談天，甚至不經意的說：「爸爸，什麼時候你可以不用回廈門呢？」女兒愛我，總在不經意間。我的兒子也很貼心，曾經問他，想不想爸爸，他說：「太想了，在夢中都想。」兒子愛我是會說出來的。

某一次出差回去，我們全家去八里玩，那天空氣涼爽，我們全家一起騎協力車，流出的汗算是那年最多的，一旁的水筆仔開滿了白花，遇上斜坡吆喝聲響，全家一起努力的感覺眞好。

你曾有「三摩地」的快樂經驗嗎？沒有，那也沒關係。你擁有空氣，隨時可以深呼吸；你擁有陽光，隨時可以在大地上跑步。你擁有太多東西了，接近它、親近它，最好也愛上它，那麼快樂就來了，就算一絲也是幸福。

現在，我安排靜坐，也去ＳＰＡ、我有愛吃的煎餅、我有在散步時看小鳥的自在、我有一群好同事、我有一個溫暖的家庭、我有合唱團的朋友，也像陳樹菊及德蕾莎一樣，偶爾捐錢助人，我擁有太多東西了。「三摩地」？我已不再強求「三摩地」了。

快樂處方4：靜臥「三摩地」

一般來說，躺著真的比坐著舒服，如果你不耐坐，或者有腰痛問題，就可躺下，臉部朝上，閉眼，雙手疊放肚臍處，雙手拇指微碰（即採禪定印手式），再用靜坐時「觀」或「止」的方法，一邊數息及深呼吸，這就是「靜臥」。詩人韓愈對「靜臥」也有著墨：「夜深靜臥百蟲絕，清月出嶺光入扉。」但韓愈在「靜臥」中有沒有數息及深呼吸，就不得而知了。

我自從黃美廉博士啟發「我擁有」的觀念後，就不再嘗試從「靜坐」中追求「三摩地」，後來又感覺「靜臥」比「靜坐」更舒服時，也不再拘泥追求平靜的形式了。凡事都像這樣是從一點一滴的改變而來，沒有這樣的改變，沒有一點一滴，是無法擁有大海的。你要得到平靜的心，必須先嘗試有細微的改變。

但是，對失眠者來說，在床上躺平後，還是可能輾轉難眠，由於失眠的原因太多，除了藉助醫師幫忙外，我認為既然失眠已成事實，為何不做些事來改善？建議你，也許睡前可試著先「靜臥」，再搭配「靜坐」中的數息及深呼吸三十次方式（次數隨喜），靜靜的體會自己的脈動，享受心靈的寧靜，也許會自然的睡著了，或許可以燃起你久違的快樂。

第二章

日常踐履

大知閑閑，小知間間。
《莊子・齊物論》

樂山趣

我在玉山主峰看到頂上的遼闊。這要多謝社團朋友，陪伴登玉山。勸你也去參加多個社團吧！**結交「鄧巴數字」**，維持社交網絡，因為快樂來自於眾樂呢。

我觀察到一個社會現象，無論是晨運或社團活動，參加的人幾乎都是女多於男，且比率極爲懸殊。有人說，這可能是男人的律動感較女人差，怕跟不上動作遭人笑；抑或是有些男人一輩子在外奔波，退休後反而動極思靜了。如果你問我男人到底都跑到哪裡去了？我想有一個地方，肯定有許多男人，那就是山裡，山裡絕對可以發現衆多男人的身影。

登山爲何可以找到較多的男人？或問很多男人爲何愛登山？登山是否眞有無窮的樂趣？如果有一天你找不到我時，我肯定在山裡的某處享樂呢！

從古人的說法開始推究。首個疑惑是：仁者眞的樂山嗎？

小時候讀《論語》，有這麼一段：「子曰：知者樂水，仁者樂山；知者動，仁者靜；知者樂，仁者壽。」我有興趣的是樂山，因爲古人認爲樂山者就是仁者，而仁者竟可以長命百歲呢？我非聰明的人，但當然希望長命百歲，故與孔子的弟子子張同樣有以下的好奇：

「仁者，何樂於山也？」

姑且先把孔子的看法抄錄如下：

「夫山、草木植焉，鳥獸蕃焉，財用出焉，直而無私焉，四方皆伐焉。直而無私，興吐風雲以通乎天地之間；陰陽和合，雨露之澤，萬物以成，百姓咸饗。此仁者之所以樂乎山也。」

從以上孔子的談話來看，古時生柴火捕鳥獸等生活所需，的確都取之於山林，這樣基於山林賜用人們財物，故山林對人們有愛，如果有人愛山，就類比此人亦有愛心了。

樂山不分今古

對於以上孔子的看法，小時候我是有這樣的經驗。我生長在農家，那年代家家戶戶以竈火煮食，沒有瓦斯、電磁爐。竈火的材料取自於山裡樹木的枯枝，我們必須定期上山，撿拾地面或折斷樹木的枯枝，集中綑綁後，再走過崎嶇山路，背負至庭院前柴房堆放，因枯枝蓬鬆，往往須折返山上數趟才能完成。大人們必須另以稻草將枯枝再分束綑綁，這個動作，臺灣人叫作「綑草綑」，至於分束綑綁的原因，則是方便枯枝通過竈口加強火力。

所以在以柴火煮食的年代，還眞是仁者樂山。

在現今社會，山，已不再是維持生活所需的主要來源，「仁者樂山」好像就說不通呢？也許現代人已把登山當作運動吧！可是，一般人登山好像也不爲運動，因爲有些登山者，彷彿著魔一般，是以登山爲樂的。可見登山活動一定有特別的魅力，才會讓一些人樂此不疲。

如果你去問常登山的人，爲何喜歡登山？多數人的回答是簡短的，很難有明確的答案。幸好不少古代文人，已把喜好登山的原因，描述得淋漓盡致。

山，屹立百代，登山人卻是隨時間流轉，屢屢更替初登者。對於山，文人喜好不同，觀察自然不同，爲文就各有千秋了。以歐陽脩的〈醉翁亭記〉爲例，他把登山的樂趣，分類的層次分明，但我感興趣的是，登山的樂趣，今古不知有何差異？

歐陽脩的〈醉翁亭記〉，把爬山過程分爲「山水之樂」「宴飲之樂」「禽鳥之樂」及「與民同樂」，這些樂趣，他的形容大器。例如「山水之樂」，一句「野芳發而幽香，佳木秀而繁陰，風霜高潔，水落而石出者，山間之四時也」，把山中的春夏秋冬一網打盡。其「醉翁之意不在酒，在乎山水之間也」的說法也流傳千古。

歐陽脩寫山是意簡言賅，他形容「宴飲之樂」是「山肴野蔌，雜然而前陳者，太守宴也」；他寫「禽鳥之樂」是「樹林陰翳，鳴聲上下」；最後以「人知從太守遊而同樂，而不知太守之樂其樂也。」總結為「與民同樂」。

從以上的探究，今古登山樂趣大同小異，同的是「山水之樂」「禽鳥之樂」及「宴飲之樂」。君不見現代人上山，因手機普遍，欣賞好山好水之姿、與禽鳥相遇之勢、在山上暫憩小吃之影，紛紛拍照上網分享，真的與古人無異。異的是「與民同樂」這一點。推測因現代大官，少把登山當作「與民同樂」選項，一則隨扈多路途遙遠，媒體操作不易；一則民眾低調，也不願意與高官一同登山吧？

可見登山遊千古不變，其中「山水之樂」尤居首位。對於這樣的意境，柳宗元的筆下也不遑多讓。他在〈始得西山宴遊記〉一文，對看得到的山形高低，他形容為：「其高下之勢，岈然洼然，若垤若穴。尺寸千里，攢蹙累積，莫得遯隱。」對看不到的遊山意境，他寫下「蒼然暮色，自遠而至，至無所見，而猶不欲歸。心凝形釋，與萬物冥合。」

文人總能以簡單文字寫出看不見的情境，令人佩服，凡夫俗子登山時，應也有類似感受，只是說不出來吧？否則怎會對登山樂此不疲呢？

恣意登山行徑略同

我觀察登山者的感受或有不同，但歸結登山者的行爲，我大膽說：「應是略同，差異不大。」

首先總是摸黑上山看旭日東昇。

很多登山者的目標之一，就是在山頂看日出。但要在山頂看日出，不得不在漆黑的清晨，即起床上山，共同的設備是手電筒或頭燈；共同的經驗是在晨曦點綴的山路上，跟著同伴腳步前進。那時常是最冷的時候，不知是眷戀睡床的溫暖，或是森林的寒氣從四方滲過來，裹在羽絨衣的身軀雖悶熱，但掃過臉龐的寒意竟瀰漫四周。那時只有黑，只有靜，亦步亦趨，就只爲在山頂見到旭日東昇。

有時遇到令人害怕的路程，還是要硬著頭皮前進。

這路程叫稜線。一般稜線有奇岩陡壁，往往前面只有一條路，偏偏這時又在中途，進退兩難。登山者一般有個心態，那就是大老遠來了，怎可空手而回？就算想退，一想回程也長；再想，在衆目睽睽下怎可輕言退卻。就這樣，只好拚命走這難走的路，管它多艱險。等到下山後，最津津樂道的也是這一段。明明是手腳並用爬過去，但事後向朋友說起都像是英勇豪傑，只因爲曾經爬過，所以敢說呢。

登山者想要暫時休息，卻老是不如己意。

這事在登山者來說，眞是一件難以妥協的事。明明約好要一起走、一起休息，可偏偏腳力不同，就自然形成領先者及落後者，領先者也不顧領隊一再提醒等落後者，還是繼續往前衝。希望能暫時休息，再燃起力量，指的是落後者。既然落後，既然走不動了，那何不先休息？可是，在山上只有自己一人時，也不敢獨自休息，生怕找不到出去的路，被「魔神仔」抓走，所以總要呼朋引伴時才敢暫時休息。

當坐下來，鬆開背包，喝口水，吃點東西，也會嘀咕爲何來山上受罪？但既來之則安之，擦完汗再度起身，向前走的力量又來了。

登頂前的猶豫

好笑的是，有時登山者不管是不登頂或登頂，都同樣興奮。

這怎麼說呢？登山者有時會遇到高原現象。那就是在超過一定的高度，有人發生了狀況，當然也常是快精疲力盡時。那時，就必須做決定，繼續登頂或在原地等候登頂者回來。在一陣商量之後，就分為兩組了，但大家同樣興奮。

先說不登頂者，那表示有一段時間的休息。要知道，快到山頂前，體力幾乎耗盡，決定不再登頂，等於要往回程了，選擇盡興就好，可以休憩吃東西了，故也興奮。對選擇登頂者來說，那表示自始至終的堅持快達標了，意志力快獲勝了，當然興奮。尤其老天還賞給登頂者二件禮物，當然更想奮力向前。

這二件禮物是「雲海」及「山高標示」，要登頂者才看得到，這是辛苦的代價。

先說「雲海」。「雲海」是地面水氣遇到高空冷空氣所形成，我不討論科學及它的變化萬千。我想說的是，大自然最奇妙的是，「雲海」的高度都形成在峰頂以下，一般是白色的，要看彩色雲海，必須在日出或日落，所以要看美麗的彩色「雲海」，就必須摸黑上山或下山，大自然總有它的安排。

再說「山高標示」，讓登頂者可以合影，滿足登頂者作一時的英雄。本來這樣的照片，按心理學來說，就是滿足炫耀的心裡。好不容易登到最高峰，我支持這樣的炫耀，人生要多爲自己喝采呢！

也不知爲什麼，登山者下山總是匆匆的。

來時，山路是陌生的，走走停停。等到登頂後，以爲對這座山是熟悉了，又或許爲了趕時間，總之，下山總是形色匆匆，步履加快，沒有來時的期待。當又看到登山入口，大聲驚呼：「快到山下了！」也許，這與人們下班回家，因爲累了，就不想多說，只想回家，心情是類似的。

郊山高山都是山

有人問我，如果沒有腳力，只是登郊山步道，那又是什麼風情？我想，還是各人感受不同，各有風情。

一般來說，郊山步道是泥土道、木棧道及水泥道夾雜，兩腳的踏感不同。泥土道，尤其是厚實的黃土路，建議緩步，感受落葉泥土的親近，踏在土上，就是愜意，就是舒坦；木棧道，就可以走一段停一段，欣賞幽靜迷濛景緻，享受林蔭驚然之處；水泥道，一般是防大雨沖刷，往往以階梯架構，此時可細數階梯，無階梯者數步伐，觀察每一步腳尖腳掌施力處，有靜心修禪之效。除了注意踏感，山上如遇廟宇必拜，就當作心靈寄託的充電站；也要懂得埤塘、湖泊或瀑布的欣賞，遇到請務必佇足，往往有意外的收穫。注視粼粼波光，有時會自覺如高僧大佛，沉靜怡人暫忘人間煩擾。

當然，如有觀景臺，也可在觀景臺上瞭望遠處，海天合一，美景盡在眼底，令人心曠神怡，想到「登高必自卑，行遠必自邇」。山友亦可趁此坐下休息，談天說地，攬山林之翠綠，聞小鳥之低啾，暫時放鬆自己，享受美景。

享受走步道，還有訣竅嗎？那是當然。

其中最有用的，就是在登山前，先學會穴位按摩，及練幾招由頭至腳的全身復健動作，如此，即可在走步道當下，把全身按摩復健一次。在享受清新山風時，再練習呼吸吐納，就可改變走路的單調，還有強化健身之效，做這二個動作，下山時，自然通體舒暢。但是，走步道最重要的享受，還是回歸人的互動，那就是在山間與山友打招呼。

一般在登山路上人來人往，山友彼此之間是不認識的。在山林間擦身而過時，如主動一聲：「你好！累嗎？」因為同是愛山的人，臉部馬上融化出笑容，有時竟就天南地北談開來。所以，當你在走步道時，如能享受與山友打招呼，一路下來，心情愉快，這是登山的最高境界。

登山的樂趣，因人而異，但登山能消磨時間及有益健康，肯定是男女老幼的好選擇。你還待在家裡嗎？快收拾一下，走！咱們到山上打盹作夢去！

快樂處方5：結交「鄧巴數字」

這是由英國牛津大學的人類學家羅賓·鄧巴所提出來的，也叫「一五〇定律」。羅賓讓一些居住在大都市的人們，列出一張與其交往的所有人名單，結果他們名單上的人數大約都在一百五十名。這個數字告訴我們，當個體的圈子過於狹小時，就會感到孤單，作為個體的我們需要他人的協助來發揮潛能。

以爬山來說，爬山沒伴，或須安排行程，以致登山次數減少了。生活上類似的狀況很多，尤其退休的人，生活圈縮小，活動來源減少，才讓你宅在家走不出去。如果生活給你這個難題，那是在提醒你，你應該思考，這是改變的機遇。

相逢豈是簡單事，踏出一步就自然。建議你，不論男女老幼，就勇敢的去參加社團（健身、登山、讀書、瑜伽、唱歌、跳舞、賞鳥、騎單車等）。讓你從年輕到退休後，維持你的社交圈都能擁有約一百五十名的親密朋友。這些社團，學校或各縣市都有，入會費用不高，不怕找不到，就怕你不參加。透過社團內熱誠幹部的代排行程，活動節目就增多了，可減少宅在家或宿舍的情況，何樂而不為？請你快去做吧！那麼，僅是登個郊山或走個步道，要想山友相陪，吸收芬多精與負離子，就成了簡單的事了，或許可以燃起你久違的快樂。

漫談臺灣味

即時行樂，多數人只會說不會做，請你就從學攝影開始吧。一個人能夠到處照像，**打卡「記憶自我」**，讓快樂回憶不斷重播，就能增添你的快樂。

很難定義什麼是臺灣味，但如果我說藍白拖是臺灣人特有的裝扮，你會說：「對！這有臺灣味。」再繼續舉例：滷肉飯、蚵仔麵線、珍珠奶茶，你一定也認同，這的確有臺灣味。但什麼是專屬臺灣的味道，一時也說不出所以然，只有在異鄉遇到時，突然異口同聲說：「這東西我們臺灣也有啊！」那肯定就是臺灣味了。

多年前，我曾在廈門、洛陽、北京住了約三年，假日旅遊各地，發現有許多與臺灣巧合或類似的東西，讓我相信臺灣味不只在臺灣，有些更存在於異鄉，看到時就是眼熟。這些味道因出於方寸的感受，第一眼見到時還以爲在臺灣呢？若不信，且循著我的足跡，看看我在他鄉遇到的臺灣味。

先說廈門的臺灣味

我初去廈門，已是晚秋，還有點熱，鼓浪嶼是必去的。這個小島有十九公頃，多數建築是有歷史性的各國領事館。板橋林本源的子孫，也在那兒蓋了兩棟古色古香的中國式建築，給我印象最深的，有鄭成功的水師訓練基地，惠安女的茶藝介紹，以及以海爲堂、以天爲構的優美建築。

南普陀，這是一棟古老的寺廟，十八羅漢、十八手觀音及阿彌陀佛，拜完一輪，登上祈望石，已滿頭大汗，但是感覺神清氣爽。

也許你急著想問我，到底廈門哪裡有臺灣味呢？

鼓浪嶼的渡輪、新垵村孫中山夫人故居、街頭醒目的中文招牌，以及看到的海棗樹，都不是典型的臺灣味。只有南普陀觀音寺、桌上的菜脯蛋、耳邊不時傳來的閩南語，還有元宵我去白鷺洲島，看到繁體字的燈面，我想，這些夠有臺灣味了。

再談漳州的臺灣味

住廈門，假日當然去尋根。我的祖籍地在漳州漳浦縣馬坪鎮，經實地探訪，發現那兒竟是一片「田野織彩綢」般的桃花源。馬坪鎮位在群山裡，必須搭摩托車上山，沿途只覺山路崎嶇，但見古屋、型樹，淺灘流水清澈，想到先人竟居於此，愈覺興奮。路上行人點頭示意，一問之下，他們竟都與我同姓，血脈源流，感動莫名。

不久之後，馬坪鎮在望，入鎮前有彩雲、石橋、遠屋、山嵐。進到馬坪鎮後，鄉音親切，臺灣味十足，不用相認就知道出自同源。雖在山裡，但馬坪自成小鎮，屋子明亮，耆老當我爲回鄉故人，熱誠招待，只因我是由臺灣回鄉尋根的人。

你猜漳州的臺灣味，應是肉粽、茶葉蛋、閩南語以及閩南建築，我也認同。但我特別注意到漳洲到處可見的綠竹林，才眞是有臺灣味。

大家可想像，我們祖先那年代，臺灣海峽可不是詩人口中一灣淺水的海峽，那可是海象險惡的黑水溝，只是因爲家鄉謀生困難，明知有人冒險仍到不了臺灣，壯志就葬在黑水溝的波濤裡，但仍然不顧危險，前仆後繼由漳州去臺灣找出路。想想當時的畫面，出門前，淚眼婆娑的父母，仍不忘把綠竹筍的種竹放在船上，深怕兒子上岸後無以維生，還可以種種綠竹，靠竹筍撐一陣子，這心意多感人。

是的，沒錯，漳州典型的臺灣味，我想就是綠竹林了。

到武夷山找臺灣味

我去武夷山，是連假日傍晚由廈門搭火車前往，足足待在火車上十三個鐘頭，什麼火車軟臥、硬臥、硬座，算都見識到了。清晨，抵達武夷山園區，首遊天遊峰。

天遊峰，海拔約四百一十公尺，從前峰登入，都是岩石構成的階梯，爬起來好不嚇人，從後峰登入，聽說是古道，較爲平緩。這天遊峰三面有九曲溪環繞，武夷山主景盡在於此。登頂後有「天遊閣」，閣上二樓曾爲宋美齡當年的舞廳，現爲藝品買賣區，今古對比，令人感嘆。

天遊峰下山，已是中午進餐時刻，當然登上第一山的辛苦，就在美食入口時消散了。只因行程頗趕，餐後即往最負盛名的九曲溪漂竹筏。這九曲溪全長六十二．八公里，匯流至宗溪成九曲，曲曲都有涵意，只可惜我全都忘了，但不能忘的是筏夫的風趣。在竹筏上舉目望天，怡然自得；赤腳踩入冰冷的溪水，還是相當有童趣。當時心中頗想「我欲乘風歸來，再遊九曲溪。」此景臺灣味雖不濃，但與臺南四草的竹閥，實有異曲同工之妙。

竹筏遊畢，進入武夷宮，宮內有「宋街」「怡花苑」。但當我看到武夷特有的雲豹及黑熊，竟與臺灣一致，尤其我們常自栩臺灣黑熊胸前有白色V字可辨，武夷的黑熊亦是如此特徵，看到雲豹及黑熊，熟悉的臺灣味油然而生。

又聽人提到有一道觀，頗具特色，特地前往。當我們走到道觀前，三個大字「止止宮」映入眼簾，導遊童子也很專業，講起道教淵源頭頭是道，進入「止止宮」，幽雅的建築矗立在山谷中，因背後有大王峰，左邊林地翠綠爲青龍，右邊岩石山灌木叢生爲白虎，前有九曲流動的水，童子言此爲中國最佳風水寶地。進入宮內，三尊神像立於前，這才知道道教拜范仲淹及比干二名文官，但中間的武將是誰卻忘了，白天流汗太多，又是一夜好眠。夜裡夢到白天的左青龍右白虎，這風水之說充滿了臺灣味。

第二天造訪虎嘯岩及觀音寺，岩壁上觀音的慈像，讓我想起臺灣故鄉龜山壽山巖寺的觀音了，看來觀音寺廟也有濃濃的臺灣味。

莆田也有臺灣味

那年七月，我即將揮別廈門，相約去同事南安家過端午。一早，攔了輛載卡多，即往南安。到南安前的路上，訝異路旁竟長滿與臺灣相同的五節芒，這時節的芒花已開滿了山坡，腦中頓時浮現兒時的印象。蜿蜒的道路，翠綠的山巒，山嵐輕飄圍繞著山頭，間雜現代與閩南建築，清風陣陣，頗有遠離都市塵囂之感。車子在收費站前暫停，司機大哥要我們配合臨檢，大家只好下車了。這一路走來，南瓜藤、花生葉布滿田間，真與臺灣鄉間的風光相似。猛一抬頭，收費站名竟是「桃園」。啊！我在臺灣的家就在桃園市，這收費站站名眞是充滿故鄉的味道。

過了隧道，同事家就到了。同事家前，是一條鄉間小路，水庫就在附近。路旁的野花，好似綻放笑臉向我們打招呼。不論是牛欄豬柵，不論是過往的質樸鄉人，不論是稻田、野樹、山屋，彷佛都在舉臂歡迎我們，令人心情歡暢。

同事母親已備好滿桌佳餚等我們，鄉下人家，最是盛情，像是「古有清風伴明月，今盛佳餚迎君臨。」餐後，我們去採楊梅，楊梅樹布滿山坡，樹高約六米，葉形似杜鵑花葉，從分枝中長出一粒粒的青果，再慢慢長成鮮紅的果實，等到顏色變成赭紅，就是採收的時候了。我們在陡峭的山坡上，看到赭紅的楊梅，即採即吃，享受鄉間野趣。鄉下人很熱情，引我們走到這頭又走向那頭，只要我們歡喜，總是想把枝頭的果實，採摘下來給我們。

我們在山裡留影，我們在山裡歡笑，滿載盛情與同事家人道別。美麗的山景，淳樸的鄉人，以及熱情的款待，都將永遠留在心底，這與臺灣鄉下人的熱情又有何異？

告別南安後，我獨去泉州。在泉州，我先去開元寺，開元寺正廟供奉五尊釋迦牟尼佛，但著名的卻是旁邊的東塔與西塔，佇足細賞，塔高五層，每層有八面，這八面都刻有形態各異的諸佛二尊，全塔八十尊，以廟前出現的崇禎字義，推測建於明朝。我既來此，也隨當地耆老繞三圈膜拜，祈禱身體健康。

拜別開元寺後，即前往莆田，再往湄州島，三個多小時後，船進湄州島，看到周邊山巒形如龜狀，與我臺灣家鄉「龜山區」周邊山形相似。搭上電動車，進了媽祖廟，我虔誠的焚香祭拜，離開前還買了當地的茯苓糕，很喜歡那淡淡的香味。

這開元寺，這山景，這媽祖廟，甚至這茯苓糕，與臺灣的廟宇、信仰及小吃，又有何異？

連北方洛陽北京都有臺灣味

在福建各地發現那麼多的臺灣味，我在北方城市竟也發現臺灣味，因爲我住過洛陽與北京。

洛陽，在我眼中眞是花彩人揚的城市，曾是幾代古都，果有王者之象。印象中値得推薦的有：世界遺跡龍門石窟，中國第一間寺廟白馬寺，牡丹花季，武則天時遺留迄今的水席，馬燕山的回族牛肉湯，黃河中心的攔水壩小浪底，這六者就是目前遊洛陽的特色。我一介農家子弟，有幸一度住在洛陽，假日乘坐便宜的公共汽車，細細品嘗古都之美。

說到北京，天子腳下，人們講話似有胡人的影子。我在北京住了約六個月，在三環朝陽區，北京古玩城附近。留下的深刻印象，看五環外馬車在街上溜搭，赤腳在圓明園閒晃，遊客以爲我是當地人呢？去頤和園的昆明湖踏冰及瞧人冬泳，融入當地。長城則踏青到無人之處，在紫禁城，我是邊吃蕃薯，邊看冷宮。有一句話說：「烤鴨羊串王府井。」北方景緻之優，始知國畫是怎樣構圖的。總之，以前是嘉慶君遊臺灣，我一介俗人，也曾在北方下雪的日子待過。

以上林林總總，除了在紫禁城外向小販買蕃薯，吃蕃薯時的場景像臺灣味外，北方的臺灣味的確比南方少多了。但我在洛陽也發現了二種特殊的臺灣味。一種是臺灣人在應酬時，爲求賓主盡歡，常以酒拳助興，洛陽人亦同，但北方人的酒拳與臺灣拳是不同的，只是臺灣味竟就在此。臺灣人喊七這個酒拳數字叫「乞巧」（意思是乞求有天上織女精心織布的巧手），洛陽人喊七的酒拳數字也叫「乞巧」，我第一次碰到與洛陽朋友同喊「乞巧」時，濃濃的中原古人之情油然而生，臺灣味更是十足。另一種是臺灣已喪失的臺灣味，那就是水席，這水席顧名思義是以淺盤盛菜，盤中菜量極少，都是以水分襯托菜餚的豐盛，這是貧窮人家的待客之道，小時候臺灣鄉下人家也是如此，隨著生活小康，如今不再復見，反而洛陽卻將之保留爲餐館的特色。

最珍貴的臺灣味

一般來說，臺灣小吃是最容易叫出口的臺灣味，像肉粽、蕃薯、滷肉飯、茶葉蛋、菜脯蛋、茯苓糕、蚵仔麵線、珍珠奶茶等，在臺灣大街小巷到處吃得到，但到了異鄉，就不容易了。很多臺灣人旅居異鄉多年，一下飛機，就是迫不及待找臺灣小吃解饞。

至於觀音寺廟等建築，是臺灣人的印象圖騰，想忘都忘不了。在異鄉，只要遠遠看到，就會驚呼：「這裡怎麼也有觀音寺廟？大家快來拜啊！」或論文化、習慣甚至涉及風水等臺灣味，如喊酒拳、穿藍白拖、說閩南語、寫繁體字、講左青龍右白虎風水說等，只因這些已融入臺灣人的生活，在異鄉相遇，臺灣味的印象就被勾起了。前述講到的綠竹林，武夷山的竹筏及雲豹、黑雄，甚或南安與「桃園」同名的收費站，則是特有的臺灣味，在異鄉亦出現同種、同類、同名，驚呼是難免的。

你如問我最珍貴的臺灣味是什麼？我想就是濃濃的人情味了，這人情味就好像我在「南安」所享受的，主人把家裡可以招待的東西全部拿出來，把自己的時間全部空出來，誠心誠意款待客人，這種鄉下人的熱情，我在臺灣鄉下地方也還感受得到。在臺灣遇有人問路，臺灣人不只指路，還會熱情的帶路呢！只是在已都市化的臺灣，這味道怕是越來越淡了。

所謂「禮失求諸野」，遇到臺灣味，珍惜臺灣味，就靠我們一點一滴的努力了。

快樂處方6：打卡「記憶自我」

心理學家指出，旅遊時我們會處處拍照、打卡，當時玩得開心，日後看照片也會回想當時的快樂感，這就是「記憶自我」。也就是說人如果有閒了，不妨經常去旅行，因為「記憶自我」，能得到更長時間的滿足。我也是屬於趴趴走的人，回想起過去在各地的旅遊，就翻照片回憶，也從中得到了快樂。日常生活中，可以「記憶自我」的工具很多，因人而異。像我也有珍藏卡片的習慣，只要有人送我卡片，就小心存放，經過數十年，竟累積了二大抽屜，每每翻閱，那人、那情都回來了，記憶也在那瞬間翩翩來到。

生活中有許多美好的事物值得你記憶，花兒總是努力的開，陽光也選擇普照大地，你是要快樂過每一天？還是要痛苦挨過每一日？

有一句話說：「我問海山何時老？海山問我何時閒？」這句話意謂「閒」是會讓人老的，讓人不快樂的。建議你，不論你現在年紀多大，趁有腳力，去買幾套自己最喜歡的衣服，並學一點攝影技巧，然後背起你的行囊，去臺灣各地，去世界景點，多去旅遊打卡拍照吧！把「記憶自我」多釀一點，或許可以燃起你久違的快樂。

補腦丸

桃源谷上的「人腦聖地」，聽說摸過的人就變聰明了。其實，你要快樂，也要**充電「海馬迴」**，年輕到老都要學習有趣的事，多多腦適能，才是真聰明。

愛爾蘭小說家詹姆斯．喬伊斯，最喜歡描寫市井小民生活中的瑣事，以揭示社會環境如何讓市井小民的希望、理想，帶來幻滅與悲哀。他的著名長篇小說《尤利西斯》，內容僅描述一天之內所發生的事件，像用一支高倍的放大鏡，把生活中的場景，放大給讀者看，個人實在佩服喬伊斯先生刻畫人生的細膩。

我也有市井小民的瑣事，但卻沒有喬伊斯先生的功力，竟可用一千五百頁的內容，只談一天的瑣事，我只能就記憶所及，談談生活上處理瑣事的智慧是怎樣累積的。

我們每天的生活所面對的瑣事不少，如反應得當，可能博得別人一句讚美：「長知識了。」若是反應悖離一般人的認知，也可能招來一句：「你太沒Common Sence（中文譯作普通常識）了。」但是「Common Sence」範圍並無標準，常因人而異。

鬥嘴鼓中學常識

我們從小學到大學畢業，花了十六年的時間來追求知識。對一般人來說，畢業後在工作中繼續累積知識外，普通常識多數都來自生活中所聽所聞。在生活的閒聊和鬥嘴鼓中，常常激盪出火花，無形中累積了普通常識。

有次全家人聚在一起吃毛豆，兒子說：「毛豆在雲林麥寮生產最多，可降膽固醇，預防脂肪肝、老人癡呆等。」這說法姑且聽之。妻子說：「成熟的毛豆就是黃豆，我們喝的豆漿就是黃豆做的。」我插嘴說：「眞的還假的？」耳邊傳來一聲：「老爸連這個都不知道！」接下來兒子又說：「老爸，黃豆發酵後就是納豆，你知道嗎？」這時我就不出聲了，心想：「納豆不是演員嗎？」

既然一路挨打，只好反擊。我問：「我們正在吃毛豆，既然談吃的，那我問你們：『細嚼慢嚥，一般要嚼幾下？』」這下子，沒人答上話了。我馬上自問自答：「日本人有研究說一口細嚼要咬二十下啦。」邊說邊露得意狀。

曹雪芹說：「寧撞金鐘一下，不打破鼓三千。」我是支持曹雪芹的，閒聊時如處下風，馬上撞金鐘回擊。

只是，好戲在後頭。

女兒也插嘴了，她談的是最尋常的咖啡豆。她發問：「拿鐵、摩卡、卡布其諾的咖啡，是代表什麼口味？」我看她的樣子，也正在撞金鐘，全場都鴉雀無聲，只能聽她娓娓道來，原來這一顆顆的咖啡豆，學問可多，她說：「拿鐵指的是鮮奶，摩卡卻是巧克力，卡布其諾等於泡沫，所以叫拿鐵一定是加鮮奶的。義式咖啡就是濃的咖啡，美式咖啡是比較清淡的。另外，有些咖啡還可以添加肉桂及酒類等口味，在咖啡店這樣說：『嗨！我要卡布其諾，請調肉桂的。』店員就知道你是內行了。」

閒聊也眞的不要太認眞，免得傷和氣，但閒聊可累積常識是肯定的。

來自長輩與飲宴的常識

有些常識，則傳承自長輩的生活智慧，你只要肯聽照辦，總是收效宏大，就以收冬衣爲例。

老母憑她多年生活的經驗，告訴我們，冬衣可在清明時收一部分，但必須等端午過後才可全部收藏，霜降時（每年十月下旬）再出籠。有一年清明節，天氣已非常燠熱，就把老母的諄諄告誡給忘了，當天就把全部冬衣收進衣櫃，就如古人所做的：「年去歲來，應折柔條過千尺。」

隔了幾天，寒流竟然真的又來襲，以致原已收好幾櫃的冬衣，又因翻找給弄亂了。所以一些生活經驗，還是要聽老母的話，那是老人家累積的生活智慧。

另外一個獲取常識的日常活動叫拜拜。

小時候，拜拜是我最期盼的大事，只有那天，我才吃得到魚肉。中國作家余秋雨曾經寫過一篇有關《儺》的文章，精彩的敘述，大陸偏野鄉村祭拜鬼神的儀式，這個儺字，光看字就知道過去人很難生存，瘟疫橫行，故「儺」這個祭典，一定是有人裝扮成神在鄉村路上驅鬼。臺灣民間也有祭拜鬼神的儀式，叫作「造醮」，由各地輪流舉辦，靠著免費的外燴，精采的布袋戲、歌仔戲，陪我度過豐富的童年。只是這拜神驅鬼的祈福儀式，隨著時代進步，漸漸式微了，取代的聚餐活動叫尾牙宴。農曆十二月十六日就是尾牙，臺灣人管年底這些聚餐叫尾牙宴，文雅一點就叫暮年會，也有人學日本人稱作忘年會，指的都是同樣的活動。這尾牙的牙不是指牙齒，牙字是古音，是指祭拜土地公的儀式，每次祭拜完要把牲禮分眾享吃，所以我們偶爾偷吃東西就叫「打牙祭」。只是現代的尾牙宴已不興祭拜，主要以抽獎歌唱等聚餐活動取代。

小時候的「造醮宴」是我的大事，長大後的「尾牙宴」竟變成我的瑣事。不過，參加拜拜活動，從野臺戲到各種節目活動，增廣見聞，增加常識是肯定的。

拜拜本來就是民間宗教信仰活動，如果從中又追根究柢，更能累積常識，不流於盲目信從了。舉例說，爲什麼叫「南無」觀世音菩薩，而不叫「北無」觀世音菩薩呢？原來「南無」是梵音，意思是「歸順信仰」觀世音菩薩。那到底是叫「阿彌」陀佛？還是叫「阿彌陀」佛？正確是「阿彌陀」佛，因爲「阿彌陀」也是梵音，意思是「無量功德」的佛啊，大家不要以爲是一位叫「阿彌」的陀佛喔！

講完佛教再來講基督教，基督徒祈禱後會說：「阿們。」「阿們」絕不是結束祈禱的意思，它是希伯來文，完整的意思是：「我懇求主成全這個禱告。」另外，在禮拜詩歌中，我們常聽到「哈雷路亞」，它實際的意思是「讚美主啊！」

我嘗試將以上的正解告訴教友，多數人微笑不語，我才領會，當多數人所持的生活態度是緘默時，你也不妨緘默以待，有些事不必明講，才是睿智的常識。

網路常識也要跟得上

我們在生活中，就是這麼自然的累積了常識，但隨著科技進步，有些常識也必須與時俱進，也就是要懂得使用智慧手機，發訊加群組，才在現代社會中過得自在，如果要更時髦前進，看懂網路用語也讓你變得年輕。

有些網路上年輕的用語非常無厘頭，更替也相當快，當你還在說「藍瘦香菇」時，年輕人可能已改流行「雨女無瓜」了。這些網路用語，多數從讀音亦可猜對一二，但有些就真的無法立即明瞭了，曾經最紅的流行語「是在哈囉」，初聞，真不解其義，查後始知該流行用語其實融合了美式文化，當有人在做些不明所以的事時，美國人常會用「Hello?」或「Excuse me?」來表示疑惑，「是在哈囉」就是臺灣版本，也是問你到底是在做什麼的意思。這些網路用語，其實容易了解，只要花點時間即有此常識，偶爾在網路上回應「是在哈囉」，就跟年輕人無距離了，何樂而不為？

我們透過閒聊、傳承、拜拜、宴會、上網等，累積了生活中的常識，有些甚至是具有故事性的，在飲宴中當作談話的題材，常普受歡迎。我舉兩個故事，每次講述，都能吸引眾人津津有味的聆聽呢。

第一個故事，我是聽一位醫界大老說的：

「我們對阿拉伯人的印象，常被西方媒體所誤導了。回教徒可娶四個妻子。大老婆一般是父母挑的，結婚以後才算『轉大人』。要娶第二個要獲得大老婆的同意，要娶第三個，就要獲得大老婆與二老婆的同意！再想娶第四個，更要前三個老婆都要同意。除此之外，教義要求須平等對待每個妻子（所以一次必須買四個禮物送給每位老婆），因此阿拉伯男人，其實只有少數財力雄厚的人娶多個老婆，多數是一夫一妻。」這個說法，與一般人的理解迴異，迴響自然不同。

第二個故事，是我的親身經歷。我是農家子弟，從小牽牛長大，鄰居都叫我牽牛囝仔。我要說的是牛：

「牛要怎樣牽呢？牛鼻會裝個銅扣，繩子就綁在銅扣上，所以牽牛，其實就是拉著牛的鼻子走，一般是不難的。但遇到牛發情的時候，是牽牛最大的難關，公牛的叫聲是『嗯！嗯！』母牛反而叫成『哞！哞！』公牛聲細緻，母牛聲粗曠，沒想到吧？我童年牽的是公牛，一般牠聽到母牛呼喊，就會躁動不安，我只能用力拉住牠鼻子，站住不動，要牠冷靜，直到母牛的聲音，聽不到為止。」聽聞公牛、母牛的叫聲，有這麼大的差異，這常識，讓聽聞者無不豎起耳朵，聽完後，彼此也拉近不少距離。

為什麼活到老要學到老

人的一生，要學習的常識太多了，也許有人問：「何必把人生搞得這麼辛苦？」沒錯，其實老來學習，沒有限定數量與範圍，選些自己有興趣的，不用再追求深奧的專業知識，保持自然愉快的心情，增加一些常識即可。

也許又有人問：「人老了，可以不學習過日子嗎？」這眞是大哉問，要回答這個問題，就先聽聽醫學專家的說法。

記憶所及，專家是這樣說的：「我們頭腦裡，有個叫『海馬迴』的器官，專門管記憶。如果不想失智，要睡好、吃好、運動外，還要腦適能。」這腦適能，用通俗的說法，就是學習新事務，讓「海馬迴」一直運作，儲存新的記憶。所以，我們老的時候，當然要繼續學習過日子，這不斷學習就是補腦丸啊！古有明訓，人要活到老，學到老，原來補腦這件事，古人早就深悟這個道理。

各位，年輕的時候，記憶像大象，穩坐在大腦，老了以後，記憶卻像流沙，一點一滴消失在時空了。你害怕出門後，忘了回家的路嗎？你害怕有一天，突然忘了摯愛你的人嗎？老了眞的不可怕，怕的是把過去美好的事物給忘了。

請你記得！每天活著，不要再說自己老了，請你充滿好奇，繼續嘗鮮，那麼，記憶就會像那滔滔江水，連綿不絕。

快樂處方7：充電「海馬迴」

依醫學專家表示，在我們大腦顳葉的內側，有一個組織叫「海馬迴」，它的作用還在仔細研究。但專家普遍認同「海馬迴」應與短期記憶、長期記憶，以及空間定位的作用（例如記得過去曾經去過的地方）有關，也就是「海馬迴」的重要作用，就是將經歷的事件形成新的記憶，並且將以後的記憶轉入了腦的其他的部位。不過，「海馬迴」的真正作用，你還需要參考其它專家的說法。

我從運動中，已了解「體適能」的確是可訓練提升的，但一直有個疑惑，那就是辛苦了一輩子，老了享清福就好，何必活到老學到老，太辛苦了吧？惟自從知道「海馬迴」的功能後，就深信人老了腦部也應該多多「腦適能」，因為如果心臟是馬達，我們應該讓腦部也變成它的朋友，擁有雙馬達，生命豈不更旺盛？

學到老，才能健康的活到老。建議你，年輕時就應多學習，鍛鍊你的腦力，老了更要學習有興趣的新事務，多去報名有興趣的課程，多與朋友喝個下午茶閒聊，多去參加活動增廣見聞，讓「海馬迴」一直運作，避免失智，或許可以燃起你久違的快樂。

追捕童年

這是根據小學同學珍藏的團體照片，所畫出小學時Q版的我，我們的人生約有五分之一都在讀書，應該都去參加同學會，**治癒「童年失憶症」**，那裡，可以找到回憶及快樂呢。

我最快樂的讀書時光，是在桃園市「龜山國小」過的，這間國小至今已邁入百年歷史了。我是第五十一屆畢業生，有資格用半百年紀見證母校半世紀的歲月。母校座落在龜山區，百年校史中，約有四分之一的時間落在日據時代。就以校名來說，起初叫作「龜崙口公學校」，中間有幾次改名，依序分別叫作「龜山公學校」「龜山國民學校」「新竹縣龜山鄉中心國民學校」，直到九年義務教育實施，就在一九六八年，恰巧是我入學那年，它始正式以「龜山國民小學」屹立至今，算算也剛好滿五十多年。如果要正名，我名符其實是「龜山國民小學」第一屆畢業生呢！

小學畢業後，扣除在學校六年，整整有四十多年，我未曾再踏入校門口。只有去宜蘭龜山島玩的時候，忽然看到島上已廢校的「龜山國小」四個大字，才會驚呼：「我以前是讀桃園市龜山國小的，怎麼這裡也有龜山國小！」還有一次去大陸莆田媽祖廟進香，看到四周竟也是龜狀的群山環繞，猶如身在臺灣的「龜山區」，那次也浮起曾就讀「龜山國小」的記憶。

籌辦第一次小學同學會

除此之外，我幾乎遺忘小學生活的印象了。

只是，漂泊的旅人，總有歸程。

年過半百，就有那麼一天，突然想找回童年，尋找完整的人生。但要拚湊童年的生活點滴，因爲年代久遠，實在不容易，我認爲最好的方法就是辦同學會，憑著衆人的記憶，也許可以一點一滴把童年拚湊回來。

想不到的是，剛開始找到的小學同學，大家的記憶多是模糊的。只記得那時候，就讀的小學班級名稱，是以甲、乙、丙……依序取名，我在丁班。畢業一晃四十多年，我們竟始籌辦第一次小學同學會。再見面，大家已是中年人，過去累積的生活經驗，原本讓我們的笑靨難以再輕易示人。但是同學會當天，心情卻莫名的亢奮與悸動，重逢刹那間，大家竟都自然流露出孩子般的璀璨笑容。

是什麼原因，讓小學同學會拖這麼久才辦？一定要找出原因，其實就是人生的歷程。

人的一輩子，實際上過著三個童年。第一個童年是十二歲前，那個叫作「小時候」的年紀。第二個童年，則是陪小孩成長的過程，稱作「回憶的童年」。爲什麼說回憶呢？因爲不管如何盡力付出，多數小孩最後還是離你遠去，偌大的房子最後變成空巢，變成了回憶。那時就走到第三個童年，這階段叫作「成熟的童年」，只剩老伴、老巢、老友、老本、老身體、老毛病、老樣子了！不要說不在意，因爲這一段時間夠折騰人的，怎麼說呢？

臺灣人平均壽命約八十多歲，如果你六十多歲退休，「成熟的童年」還要過二十多年。這些年，要靠自己撐、自己做、自己過、自己活。如果說蓋棺論定，人生是苦的，那麼人實際上過得比牲畜還苦呢！你想想看，十二生肖中，牛活約三十歲，馬活約四十歲，所以做牛做馬一輩子雖苦，但人活八十歲，算算苦日子又比做牛做馬還長。再算十二生肖鼠、虎、兔、蛇、羊、雞、猴、狗、豬的年紀，最長約二十五年內，都轉世投胎了。所以，戲謔的說，做人不一定比作牲畜好呢？

可是，大家還是會感嘆人生苦短，可見人生雖苦，但一定還有美好的東西，是牲畜所望塵莫及的，那美好的東西，我認爲就是回憶。人可以緬懷過去，牲畜似乎沒有回憶，這一點牲畜絕對是萬萬不及於人。在人生的回憶中，小學時的無憂無慮，沒有算計的童稚記憶，尤其是彌足珍貴。

雖然生活忙碌的人生歷程，就像千山萬水阻隔了童伴，深埋了童年記憶。只是，這記憶夠純眞夠快樂，實際上也無從抹滅。所以我們這些進入「成熟的童年」的丁班同學中，就在這樣的思緒背景下，突然間就有熱心同學，展開了小學同學的尋找行動，想讓思念已久的童伴，像滿月一樣再次的團圓，尋找恆屬丁班的月亮。

剛開始，這輪月亮暗沉又殘缺，因爲四十多年不見，物換星移，人事全非。

最先要面對的，是一個稱爲「童年失憶症」的通病。原來，人的腦容量有限，新的記憶，的確會排擠舊的記憶。所以，排在最早先的童年記憶消失了，也是合情合理。幸好，美麗的回憶不會眞的消失，容易發掘，集衆人記憶裡的絢爛部分，這月亮迄今已拚湊得很像樣了。

人生不能重來，但人生可以回憶，回憶不是言老，回憶反而是有情。

龜山國小第五十一屆畢業的丁班同學，再見時年紀雖已近六十，憶起往事，仍是充滿感動，大家努力拚湊的回憶，童年的生活恍若昨日。

一九六〇年代的小學生活點滴

小孩都愛玩，就先說那時的童玩吧！

要回想起五十年前的小學童玩，著實是一件不容易的事。一定記得的，就是溜滑梯及鞦韆了。龜山國小五十年前進校門左側是廚房區，在廚房斜對面有一個水池，大概五十公分高，夏天很多小朋友會進去玩水，互相潑濕身體是一大樂趣。再往前有一座洗石子的大象溜滑梯，還有要人幫忙轉圈的座椅及盪鞦韆。沿著圍牆邊種著夾竹桃，戲稱啞吧花，小朋友口傳此花有毒，花開時節，粉紅花牆，從這頭開到那頭，這些印象，歷久彌新。

談到那時的童玩，除了溜滑梯及鞦韆外，當時雖然物質缺乏，但童玩比之現在，質與量尤有過之，丁班同學的六年，更是玩得痛快！

不只是在鄉間玩的「放筍龜」「踩罐蹻」「荔枝子」等自創鄉野遊戲，在校遊戲也很多樣，男生愛玩殺刀、紙牌、彈珠、騎馬打仗、S堡壘、衝堡壘、四角堡壘、竹槍、尪仔標；女生愛玩跳房子、丟沙包、竹竿舞、橡皮筋跳高、東南西北、紙娃娃，眞是花樣繁多。

丁班同學，不管你是在哪裡，閉上眼睛想想，那童玩的歲月，是不是讓你的天眞，讓你的年輕又回來了？你我都想念小學在丁班的日子吧？

有玩一定有吃，接著說吃的。

上課前，同學須先把名牌掛在便當上，集中放在便當箱中，再派兩人一組的値日生，搬送至廚房蒸熱，中午再抬回來一起用餐。那年代，布袋戲盛行，常有同學結伴，到住在學校附近的同學家裡，一邊吃便當，一邊看史豔文，其樂無窮。同學中以農家子弟居多，農忙時，簡易的菜脯蛋及炒米仔麩，就是便當主食，日復一日，食不下嚥，就想吃高年級哥哥姊姊的營養午餐。所謂營養午餐，也不過是麥片粥吧！現在小朋友的美食多屬速食之類，一九六〇年代的小朋友有便當吃已不錯了。

那時，班上同學也多眷村子弟，帶的北方食物，讓農村同學打牙祭的機會也多。記得小學同學李〇芝，她住的眷村離學校很近，放學時，去她家吃過幾次麵條或水餃，配上豆芽菜，那舌間美味，迄今難忘。

平日課堂生活，彷彿記憶的長河，波光粼粼，色彩豐富。

那年代，小學教室裡都會擺一臺破舊的風琴，老師爲吸引小朋友學習的興趣，會一邊彈風琴，一邊教小朋友唱歌。印象最深的是這首〈當我們同在一起〉。

「當我們同在一起，在一起，在一起；當我們同在一起，其快樂無比。你對著我笑嘻嘻，我對著你笑哈哈，當我們同在一起，其快樂無比。」這風琴聲夾雜稚嫩唱歌的聲音，至今深印。

那時民風保守，男生是不能愛女生的，但男生逗女生，與今相比，不分軒輊。就以座位來說，那時座椅安排，偏偏是男女兩人同座，此爲防上課講話的安排。女生爲免男生犯規，竟以粉筆畫出楚河漢界，男生一有越界，女生絕不輕饒。猶記一年級時沒有教室，只念半天，福利社前面的走廊權充教室，每人一把椅子待到中午十二點。每年四月四日兒童節，學校都會發麵包或米龜，那是最期待日子。一二年級時老師打作業分數，都是像蝸牛一樣畫圈圈，最高分五圈，只得一圈就要揹桌了。那時還得寫書法，多數寫得像道士畫符！往往畫符不成，已搞得全身髒兮兮的。小朋友又常常以毛筆互相戲弄，另是一番樂趣。

過去的美好回憶，還有上下課鈴及健康操。現在小朋友大概沒聽過「國民健康操」，那時每天第二節下課時間長達二十分鐘，做完健康操後才能玩。以前沒有上下課的鐘聲，是工友拿著大鈴噹搖啊搖，那「叮噹！叮噹！」的聲音，搖到五十年後，應已深深地、靜靜地留同學們的心底了！

下課後的生活，也是多采多姿。

那時沒有手遊的牽絆，同學之間非常熱絡。例如放學後，會去同學家一起寫作業，今天這家，明天那家。小朋友都走路回家，哪需要家長接送。印象最深的是，到同學胡〇科家，一群小蘿蔔頭就在他家的長板凳上寫功課。當然，窮困的同學還得幫忙家裡掙錢，星期六下午下課後，就要飛奔回家，挑一下午線頭，可掙到工資十塊錢，工作辛苦，但從小就學習到要靠自己努力。

那時排路隊放學，回家路線沒有固定，有時候會沿學校後門邊的大圳，沿岸走回去。走著也玩著，有時往水面丟一塊木頭或會飄浮的東西，就是好玩。有時也會玩「背書包」遊戲，一大堆人猜拳，最輸的人，背所有人的東西，從這根電線桿背到下一根電線桿，小小身軀，就這樣數著電線桿，一路玩回家。

一個叫丁班的滿月將高掛天空

說不完的童年記憶就這樣一直堆起，想起在路上口渴時，路邊放著茶桶，上面寫著「奉茶」。丁班全體同學想奉茶的對象，當然是一年級導師曾玉梅老師，二年級導師李春桃老師，三四年級導師熊有珍老師，五六年級導師郭智惠老師，就讓我們再說一聲：「老師！謝謝你！請喝茶。」

小學生活的點滴記憶，就這樣拚湊在這輪叫丁班的月亮裡，越來越圓了。回復小時候的生活記憶，自然珍惜這段人生，其中最珍貴的，當然是找回過去的同學。

沒料到這是一項艱鉅的工程。

詩人王維：「勸君更進一杯酒，西出陽關無故人。」把對老友的眞情表露無遺。我們對小學的同學，有著同樣的珍惜，包括轉學或轉班的十一位同學，也在尋找的行列，總計有六十七人，與目前一班只有三十多人相比，這眞是不可思議的數字，尤其又相隔了四十多年，若是能全部找到，一定是冥冥中要有老天幫忙，才能辦到吧？

尋人的超級任務開始。

拜科技的進步，先以班級名義成立網路群組，原本有聯絡的同學就成了基本成員。每個基本成員再就自己的人脈多方探尋，就這樣尋回了部分同學，這些新成員加入再次擴展尋人範圍，也算有第一階段算的成果。

第二階段才是困難的開始。經列出而未找到的同學名冊，依小學畢業紀念冊的舊址，找當地里長或鄰居幫忙，也小有所獲。只是這過程中，端賴熱心同學親自驅車前往，幾經波折仍無所獲也是常有的事。爲什麼如此費心費力呢？因爲，大家都堅定一個信念，不想漏掉任何一位同學啊！

第三階段眞叫大海撈針了，我們竭盡一切可能的方法來找人。例如在所有人際網站搜尋，好像面善的臉孔都留下聯絡資訊；或就打聽到的蛛絲馬跡，分配同學再去追尋；或請已歸隊的同學再回憶，就算道聽途說仍要追尋。一番努力後，又再一次小有所獲。

經過努力找尋的結果，有三樣觀察是肯定的。

其一，「衆裡尋他千百度，驀然回首，那人卻在，燈火闌珊處。」這情況，在找尋小學同學過程中，從沒遇過，雖然也希望有這樣的機遇。

其二，原來想認小學同學的意念，可以戰勝可能面對詐騙集團的恐懼。因爲現今社會詐騙集團猖獗，如接到陌生的信息，一般都當作詐騙處理。可是，找到的同學，很多人回應，有莫名的力量，驅動他們回應訊息。他們說：「心裡想找小學同學的念頭也很久了。」就是這念頭戰勝恐懼。

其三，同學普遍罹患「童年失憶症」是眞的，幾乎所有的同學在找到的瞬間，都對童年記憶是模糊的，經提示童年照片、童年往事後，就聽到他們興高采烈的說：「想當年……」所以，「童年失憶症」可以恢復，也是眞的。

當然，尋找過程的艱辛，不是三言兩語能說清楚。可是，當你聽到找回的同學異口同聲說：「謝謝你們費心，我終於又找回童年。原來那些常浮現的模糊記憶，竟就是童年，人生原本要這樣，才完整美好。」

有這句話，就夠了。

目前已找到五十多位同學，明亮清澈的上弦月已升起，但還在下弦月的同學，你們在何方？我們還在找你們啊！我們相信，未來，一定有輪叫丁班的滿月，高掛在天空，它是恆屬我們的孩提記憶。

快樂處方 8：治癒「童年失憶症」

據醫學專家說，成年人無法記得童年情景性記憶的原因，是因為大腦會一直建立新的記憶，對於較早的記憶，因為少連結，就不斷被修剪、拋棄，往更底層貯存了，故產生童年失憶症，有些人甚至連國中、高中、大學的生活都失憶呢。

席慕容的〈回眸〉詩中有一句：「前世的五百次回眸，換得今生的一次擦肩而過；我用一千次回眸，換得今生在你面前的駐足停留。」這種想法我不懷疑，更讓我深信數年同窗的緣分，一定是千萬次駐足停留換來的。聰明的你，請你算一算，國小、國中、高中、大學共有十六年的學生生活，如果以平均餘命八十歲計算，學生生活占據我們約五分之一的人生，你一定不願意把這些人生遺忘吧？再則，你或多或少都參加過同學會，一定有找回過去生活記憶的喜悅，故認真去找回同學，參加同學會，把求學記憶都找回來吧！

重要的是，你曾經的閨密、麻吉，很多是同學時期認識的呢！你怎麼把他們給忘了！建議你，再怎樣忙，也去參加個同學會吧！不可以那麼年輕就忘記同學啊！參加同學會是為了填補你的人生，參加後真的可以消除「童年失憶症」，也找回你人生約五分之一的記憶，或許可以燃起你久違的快樂。

絲織的月亮

她是我同學，這是她四十幾年前小學時的模樣，多年後我找到她了，並感謝她當年午餐分享菜餚的恩情，也**打開「未完成情結」**，她快樂，我也快樂。

她的個性溫柔可人，就像滿月迤邐的月光，小學同學們都喜愛她，我叫她月亮。

四十多年前，月亮十歲，我十一歲。對她，是戀嗎？是愛嗎？都不是！大家都還是小孩子哪！但是，一直到現在，對她童稚的身影仍清晰記得。

四十多年後，藉著小學第一次同學會，得知她已移居國外。某天，突然接到電話，她竟在電話那頭，聲音依然清亮，卻聽到她說：

「你是誰？我不記得你了。」啊！四十多年了，她怎麼會把我忘記？也許這就是所謂的「童年失憶症」吧？只是，就算有這麼多的質疑，還是只敢放心底。

或許是對她感恩吧？小朋友間的友誼，如以初心的感念形容，較爲貼切，這感念一樣可以長遠。《詩經》上不是說：「青青子衿，悠悠我心。」這「悠悠」二字，也是我感謝她的意境。可是，那時年紀小，訥於表達。現在，我已是知天命的年紀，經過歲月的淬鍊，再回憶那些年的那些事，也正是時候，且聽我娓娓道來。

雪紡連身裙

記憶中，她綁了兩條辮子在胸前，舉步輕搖。她的皮膚白皙，近鼻梁處，襯出一條青筋，顧盼流轉間，清新單純。她的聲音輕柔，笑語吟吟。不能忘的是：「班長！上課鈴響了！」那是月亮提醒的聲音。那聲音，很眞實，絕不是幻夢，是溫暖的記憶，似躺在蔚藍的天空裡，逍遙著俯瞰青翠的大地。

只是，這些記憶還依稀。尋找記憶，一定要有更強烈的印記。對！白衣連身裙，就是月亮最大的印記。她那白色腰帶襯托雪紡的連身裙，對照我穿的泛黃卡其服（係接收哥哥穿過的制服），那是多大的不同。這套白衣連身裙，讓月亮遠觀近看都清雅高潔，一個轉身更是柔軟飄逸。

青澀的歲月中，這身影常在我的眼前晃動，加深了對她的印象，久了，就形成印記了。青澀少年心，在幾年的相處下，那些多年的印記，就轉變成一個友誼般的刻痕了。

一旦想到她，不妨先呢喃，然後在自己平靜的心裡，悄悄的自在與滿足，輕輕的告訴自己，當年，有一個小女孩，穿著雪紡的連身裙，就像絲織的月亮。

怦然心動

當然，絕不是只有雪紡的連身裙，讓我記得她，主要是月亮也對我好，對我勇敢又體貼。

小學有一堂說話課，老師要大家輪流上臺報告「誰是你最好的朋友」。在當時那保守的年代，都不敢說自己的好朋友是異性。輪到她時，她竟然說她最好的朋友是我。頓時，全班轟然大叫，紛紛喊我的名字。啊！我的心不由得感到驚訝，只能羞紅了臉低下頭。在嘻鬧嘈雜聲中，我用眼角餘光見她回到座位，態度依然堅定，顯然沒後悔她的發言。

換我上臺。我也想講她是我最好的朋友，但是，我卻選擇了退縮。

「我最好的朋友是我家的狗……」我說。不敢望向她，我讓她失望了，但有一種聲音告訴我，我眞是懦夫。遲早有一天，我必須彌補這樣的退縮，人家女生敢講，我應該跟她道歉的，更何況我心裡也這樣認定，她也是我最好的朋友。

體貼分享菜餚

當年，她媽媽親自張羅她的午餐，用黃色鋁罐盛裝熱騰騰的飯菜，另備一罐美味的鮮湯，就這樣天天帶來學校，呵護備至。不像我，便當盒老舊，菜色千篇一律，日日都是菜脯蛋及自家醃製的豆腐乳與醬瓜。當時，我的用餐姿勢怪異，經常是一手拿著便當盒蓋，一手拿著筷子，快速吃完便當。

月亮也不拆穿我的自卑。經常說她吃飽了，她媽媽就會問我，要不要幫忙把多的菜和湯吃完？這個動作，我迄今感激難忘，她被呵護，又能體貼分享一個羞澀的農家子弟。

當然，月亮與我投緣，老是喜歡找我講話，不畏男生群的閒言閒語。偏偏我雖喜歡她跟我講話，多數時候只是低頭靜聽，偶爾偏頭看她。這樣一位清麗佳人，數年來跟我說話時，我爲何不注視她呢？現在回想起來，眞是後悔莫及啊！

猶抱琵琶半遮面

我其實也想跟月亮說話。

那時期的我，不敢跟女生說話。有一次，導師要我問她，「愛盲鉛筆」發給同學沒？好高興，有理由跟她說話了。

當時，她正與女同學交談，我只得裝作瀟灑坐在一旁。但卻不知怎麼了，她也發現我了，倏地偏過頭盈盈笑臉迎向我，讓我心頭爲之一震。但我卻只是漲紅臉轉述導師的交代，慢慢地向她說：

「愛盲鉛筆發了沒？」我問。

「發了啊！」她說。

就這樣，我也主動找她講話了，雖簡短但也令我興奮。像這樣的事我做了很多，有時候，我承認有一些也是藉口。我不知道，只爲了想跟她說話，幹嘛要繞這麼一大圈？但是，當時我就是這麼做。

只作有心人

坐在月亮旁邊，久了心也寵她了。

小學時，考試都是第一名。學校對於前三名的學生，都會頒發獎狀，我領獎狀已是家常便飯。月亮的成績也很好，每領到獎狀，看她興高采烈的，我也跟著高興。

有一次午餐時，聽到月亮跟她媽媽的對話。

「妳的獎狀怎麼沒有第一名的？要加油啊！拿個第一名看看。」月亮媽媽問。

「我們班都是班長拿第一名！他太厲害啦！我拚不過他。不過，我會努力，也許有機會拿第一名喔！」月亮說。

說眞的，月亮是不是因爲我成績好，才跟我友好呢？她是不是很想第一名啊？我可不可以成績差一點，讓她高興啊？我都曾在一瞬間想過這些問題。至少，我想讓她高興的心是眞誠的。只是，不想第一名，還是考第一名，這一點，我是做不到。小孩嘛！也許有心就好。

休戚與共

自認是她的守護神。

某天，有個同學拉她的雪白連身裙，並偷拉背後的拉鍊，她氣得大哭，小女生最氣別人欺負了。我從福利社回來，才知道這事，就馬上去找這個調皮的同學，推了他一把，並以班長的身分，要他去道歉。這個同學囁囁嚅嚅，小聲說一句對不起就溜了，我也無可奈何。回到座位上，呆呆看著她趴在桌上，小聲的在哭泣。

上課了，我偷看她布滿血絲的雙眸，如有刺的玫瑰在我心中悸動。殘餘的淚珠，似串串的風鈴，聲震我心。她剛剛那一哭，好像把寒冷的冬天招來了！心想，爲什麼沒保護好她呢？不哭！不哭！眞希望她下課後心情好轉，因爲她的笑顏，就如冬天之後漫天的春花盛開啊！

下課後，有人告訴她，我爲她抱不平去推那個同學的事了，她笑了。那哭後的笑容，也就帶入到我的記憶中。

太陽與星星

有一陣子，我想當女生。

月亮常跟我講話，就已經是突破當時的禁忌了，更不可能在一起玩遊戲了。有一位她最好的朋友，我稱之爲太陽。太陽個性開朗，五官輪廓明豔照人，手上老是拿著手帕轉啊轉的，常聽到她咯咯的笑聲。她喜歡打抱不平，往往是月亮勸她不要多管閒事。

月亮還有一位好友，我稱之爲星星。星星氣質出衆，臺風穩健，本班派她參加演說或朗讀比賽，她都是第一名。只是她朋友不多，像星星那樣，雖是亮光閃閃，卻是遙不可及。幸而，月亮願意與她爲伴，她的笑容盪漾在與月亮的互動遊戲裡。

這些，我都看在眼裡。事實上，當時我有個想法，如果我能當太陽或星星，那我就能與月亮一起玩了。只是，我連男生與女生講話的禁忌都不敢突破，更遑論與她一起玩了！

眞討厭，那年代，怎麼男生與女生不能相親相愛呢？

討厭的新月

記得是小學五年級時的有一天，月亮沒來上學。

起初，以爲她請假，後來才知道她轉學了。小學生很無奈，沒什麼主導權，小小的歡送會都沒有，月亮就這樣消失了。我不知如何表達，但失去月亮，令我悵然若失。隔壁座位後來換成別的女生，因爲只記得月亮，後來是哪個女生坐我旁邊，我都忘記了！

如果早知她會轉學，我會抗議，我會這樣做。

「妳幹嘛轉學啦？妳媽媽幹嘛這麼做？我想繼續坐在妳旁邊的座位。」我想對月亮說。

「她可以不轉學嗎？」我想對月亮媽媽說。

「老師可以勸她不轉學嗎？」我想對導師說。

只是一切都枉然。月亮轉學後，我害怕的事，後來就發生了。六年級快畢業時，大家交換照片，女生竟沒人跟我交換。如果她在，我就有女生交換照片了。

月亮已離我遠去，才知道她對我的好。

國中的上弦月

友善的力量是強大的，小學畢業，剛升上國中，偶爾在夢裡竟又遇見她。

有次夢裡，我寫了一首詩送給她，內容大概是：

「靜謐的街，迎來了輕風，秋來了；欒木的頂，妝點了嫣紅，秋來了。初秋時分，捻來細草亦忘憂；到了中秋，明月高掛非伊人。對！我要乘風上青天，撥開暗夜尋伊人。」

夢裡，月亮收到我的詩，問我爲何找她？我說：「因爲太久沒吃到妳媽媽煮的菜了。」夢醒，月亮不見了。

也是夢裡，我與月亮及一群小學同學在郊山健走。

只記得，我們一起踏在黃泥路上，路上沒了青苔卻黃得透羞，眼前彎路有枯葉相襯，彷彿披了彩綢，讓人忘了憂。我們緩步向前，路邊樹蔭透著陽光。那時，我們的內心波紋一陣陣，彷彿牽動了老樹上的青苔，青苔也把風招來，吹拂我們的臉龐，我就這樣又見到月亮了。

夢醒，月亮又不見了。

成年的殘月

國中後，有月亮的夢越來越少，是漫漫歲月已把月影推到深層的暗角去了？但是生活中有太多的氛圍，讓我一瞬間又想到了月亮，聽歌時的感觸最多。

聽到江蕙唱〈月落〉這首歌，別人看歌名也許想著蕭瑟光景，我心中卻冉冉升起了月亮。聽到信樂團唱著〈千年之戀〉，一句「海風一直眷戀著沙，你卻錯過我的年華」，我又記起月亮。張雨生唱的〈大海〉，其中一句「如果大海能夠帶走我的哀愁，就像帶走每條河流」，我也想把月亮從我的心裡帶走，但外向的她，當年對待內向的我，有太多友善的舉動，才讓我自然印記在心裡了。

天氣，偶爾也讓我記起月亮，因為她轉學，就是在冬季。枕著寒意的烙印，激烈的翻騰都在十二月，寒流的肆虐竟又加了點冷雨。冷冽的季節讓我回想起月亮，有她的人影繽紛，與她的小學生活點滴，絢爛如彩綢，靜謐如初雪。

所有的記憶只剩依稀，歲月就這樣悄然流逝，國中後對她的記憶就漸漸淡去。但我彷彿梳了一把長長的記憶，偶爾會因離別氛圍的歌曲與寒冷的天氣，瞬間又記起了她。月亮的笑臉和身影，一起吃午餐的印象，又都一一浮現。有時候我想，即使我老了，還是想問一聲：「月亮，妳在哪裡？妳現在好嗎？讓我向妳說一聲謝謝妳。」

月亮回來了

眞好，四十多年後又找到月亮了。

接到月亮電話，又親耳聽到她不記得我，心裡雖震驚，但我的回應還是像以前那樣害羞，並回她：「妳要不要加入我們班的Line，那裡有童年的照片，妳可以從那兒找到小學同學們的樣子。」我充滿期盼的說。還好，她照做了。眞希望她看完照片後說記得我，只是她竟又這麼回：

「我應該想起你來了，How nice!久違了，老同學，我記得你的樣子，記得你爲了收作業簿，四處穿梭在同學間，但我記不得你的名字。眞的，我彷彿都記起了，但實際都不記得了，記憶不知到哪裡去？時光飛逝，懷念兒時，請不要介意我說不記得你。童年，是我們生命中一段美好時光和永恆的記憶。」

她回應雖然仍像月光一樣輕柔，只是她怎麼還記不起我呢？我好害怕她永遠忘記我了，分享菜餚之情，就沒機會向她說謝謝了。

後來許多同學也跟她說了小時候的回憶，說她像月亮的故事，終於有了感動的回音，每一句我都記得。她說：「你眞的記得我，四十多年，感動的我都要哭了。當時，小女生單純勇敢，小男生羞澀，時間不等我們，小女生忘記了，小男生記得四十多年前分享菜餚之情，這是美好的記憶。」

「你連我穿雪紡連衣裙都還記得，雪紡連衣裙的小女生不是太陽，沒有光芒萬丈，我是月亮靜靜的。這個月亮的故事，就是小時候男生女生都可愛。到了我們現在這個年紀，回憶小時候是珍惜的心情。」

「讓我們回到當時，小女生只是單純的分享菜餚，但因爲是眞心，小男生在世界的另一端記得四十多年。說實在，我眞的要說，小時候的眞心，是最單純的友誼，四十多年後聽到你說出感謝的話，讓我們都擁有了豐富美好的快樂童年。」

是啊！那絲織的月亮依舊體貼，我又看到清柔的月亮了。

快樂處方9：打開「未完成情結」

這是心理學的說法，它指人們對已有結果的事情極易忘懷，但對以往曾經有過美好經歷的感情，突然戛然而止，卻總是記憶猶新，彷彿在一生中留下了缺憾，不能圓滿。我就有這樣的缺憾，一直想念小學時對我極為友善的女同學，在四十多年後，終於找到這位女同學，感謝她當年解決我每天吃菜脯蛋便當的窘境，她很高興，我也很快樂。

人生路漫漫，情結常相伴，你何必讓不必要的情結絆住你的餘生呢？請啟動「臨門一腳」的勇氣吧！就如一間悶燒的房間，值班人員趕到了門口，煙也從隙縫冒出來，但門是鎖著，如果值班人員忙著找鑰匙，或者忙著聯絡，卻忘了踹門搶救，浪費了搶救的黃金時間，等鑰匙找到了，火也延燒了，這就是「臨門一腳」的可貴。

建議你，在不影響現有家庭的前提下，不必遲疑，快去找你最感恩的人，或完成未完成的事情吧（例如曾欠某人一個道歉，那就去補救）。很多事不要等老了才行動，年輕的你，有些事能弭平就去做吧！不要一生把遺憾放在心底，因為消除「未完成情結」後，或許可以燃起你久違的快樂。

第三章

放下執念

時止則止，時行則行。
《易經・艮掛》

暫停

太忙的人是不會快樂的。請你暫時休息一下，找個一天，獨自去一個你想去的地方，在那裡，重新審視你的人生，**思索「第二曲線」**並實踐它，你才能重新找到快樂。

我在醫院服務三十多年了，知道手術室是一處嚴謹的地方，進出都有門禁管制，也因爲工作關係，認識許多外科醫師。曾問這些外科醫師，病人開始手術前，需要做哪些準備？聽過後，對他們重視病人安全的做法，肅然起敬。

他們是這麼說的：「主刀醫師通常是以意氣風發之姿走到手術檯旁，先向病人打招呼，然後詢問對手術是否有疑問？」語調一般也是堅定而低沉。

「沒有！」病人回答。說時遲那時快，會聽到麻醉科醫師、流動護理師同時喊出「Sign in!」，然後開始與病人共同核對身分、手術方式及手術部位等步驟。等病人依序麻醉、手術部位消毒後，無菌單一鋪，主刀醫師會堅定的說：「Time out!」

此時，一切動作暫停，專業靜止一切；權威靜止一切，沒有半點妥協。

只見，麻醉科醫師、麻醉科技術師、流動刷手護理師與擔任助手的住院醫師肅然停止動作。只見，流動護理師拿著病人手術同意書，開始緩緩唸出病人姓名、出生年月日、手術的方式與手術部位，確認已施打預防性抗生素，以及將病患術前的X光片顯現在最適當位置。

當所有手術器械準備妥當後，就聽到一聲「正確！」那又是來自專業的聲音。

主刀醫師會再一次確認，源於對手術準備要求及進行的一絲不苟，源於對病人生命託付的慎重。

「正確！謝謝！」這是對團隊肯定的言語，眾人同時回以信任的眼神。當外科醫師開始闡述今日開刀方式、手術如何進行、整個團隊如何分工與角色分配（第一助手、第二助手）後，「Time out」始告段落。也許是習慣性的，一般主刀醫師目光會再一次環顧整個團隊，此時，默契與專業凝結此一瞬間，生命的託付於焉開始。

「十五號刀片！」遞來了。

「下刀！」對著整個團隊斬釘截鐵地說。第一刀，精準劃下；同時劃下的是一天忙碌的開始，這劃刀前的查驗，已陪外科醫師無數個晨昏。

看見棒球賽暫停戰術奏效，生活步調有了轉機

手術前的「Time out」，翻譯成中文就是「暫停」，雖然知道它對手術成功起舉足輕重的作用，但知道它對個人健康促進也有幫忙，卻是五十多歲以後的事。

我確實執行「暫停」的生活步調，是多次的生活觀察與體悟所得。

按醫院對員工健康相當維護，每隔幾年都有安排健康檢查，我是緊張型的人，對於檢查結果標註紅色不合格的數字，一直耿耿於懷，卻也沒有採取任何促進健康的動作，直到看到某次棒球賽後，生活步調才漸漸改變。

記得那是二〇一七年世界棒球經典賽轉播，中華與荷蘭大戰，最後一局了，只聽轉播的記者大叫：「九局下，中華與荷蘭，比數五比五，平手，但現在兩出局滿壘，就看投手了。」聽記者這麼喊著，我被吸引盯著螢幕。

「荷蘭打者打了一記界外高飛球，接殺！接殺！這局結束！平手！平手！中華隊要反攻了。」記者聲音激昂。

「什麼！剛剛接殺不算，因爲荷蘭打擊之前先喊了暫停。三壘教練有看到暫停手勢，故判定接殺不算！中華隊運氣眞差啊！」又聽到記者消氣的聲音。看到最後，比數六比五，荷蘭因中華隊投手四壞保送擠回一分，贏了！

眞可惜。但我的直覺是想到別的。

想的是爭議在荷蘭那個暫停申請被判定有效，想不到荷蘭隊一個暫停，竟可以扭轉戰局。也聯想到布袋和尚那首詩：「手把青秧插滿田，低頭便見水中天；六根清淨方爲道，退步原來是向前。」原來，有時候也不必退一步，暫停似乎比退一步更見效，就像這場棒球賽，中華隊竟因一次暫停輸了。感想複雜，想改變緊張的生活步調開始起動，最大改變是經常回去鄉下老家探視親人。

蒲公英的白色絨球，散發出養生的啓示

回去老家的小路邊，長了許多蒲公英。小時候印象中的蒲公英，折斷花莖是空心的，有白色乳汁，有白色圓圓的絨球，隨便一吹，隨風四散。老

媽說早春的嫩蒲公英也是一種野菜，只是沒人吃過，不知滋味。我也曾問老爸：「爲什麼牆縫的蒲公英花小小的？爲什麼牆角的蒲公英脖子長長的？爲什麼草地的蒲公英橫著長？」但爸爸只是笑笑，也沒說什麼。我也不再問，因爲吹絨球才是重點。

聽老師說，蒲公英的白色絨球，是一朵圓的傘，帶著種子的小白傘。每一個小白傘約有兩百多顆蒲公英的種子，種子隨風飄到新的地方，又多了一棵蒲公英。小時候想，這蒲公英媽媽也太厲害了，她的小孩，草地長，牆角長，連牆縫也長，然後就長大成了一朵會開花的蒲公英。

這蒲公英占據我很長的一段心靈，隨著年紀漸長，我不曾再去吹蒲公英，但絨球四散飄浮的影像，卻久據不散。

「爲什麼蒲公英種子會四處開花成長？」在鄉下老家度假時，腦袋想著卻是這個問題。

隨意也能開花？隨風飄落也能成長？恣意安在四海落在八方，不必催生也能開花成長。難道暫停除了是戰術外，隨意的執行時機也有成效？思考讓困惑露出了曙光。

鬼針草的鬼針，不再是鬼針了

回去老家，也常約國中同學小胖敘舊。小胖是商界聞人，大家各在一方嶄露頭角，敘舊時，過去共同的話題已隨時間沖淡，只能寒暄。不過，我們講到鬼針草，話題就倏地回到國中歲月，興緻也跟著來了。

那時，因忙著聯考，只有勞動服務時，才找到嘻鬧的時間。記得學校的操場邊，長滿「恰查某」，同學一邊勞動，一邊偷閒用它的鬼針，以射箭之姿互相作弄。這鬼針也眞黏人，怎麼拔都拔不乾淨。回去的時候，免不了遭媽媽一頓責罵。

「以前，你阿嬤在悶熱的夏季，都會到路旁，水溝邊或荒地，隨手連根拔起一大把的『恰查某』，晒乾後熬煮出大桶的青草茶。聽她說這青草茶清肝、降火氣，有病治病，無病保身。但是經過鬼針草的身旁，一不小心就會黏了一身鬼針，已警告你了，還招惹它。」那時媽媽可是板著臉說。

「我們那時還眞是沒東西找東西玩，現在的小孩，誰還玩這種玩意兒？」小胖說。

每一天，在全台的秘密基地裡，都有不同的故事在發生

Love X Story **一張寫給爸爸的母親節卡片**

母親節前的某天上午，秘密基地的電話鈴響了，話筒的那一端傳來微弱的聲音，喊了一聲「老師」，說他是蓁蓁的爸爸，要住進加護病房了！由於時間不多，希望可以先跟老師說一下，以免發生萬一……

Love X Story **我們不是專家，但是都專門愛小孩**

眼看著整個教室要被高漲的情緒風暴淹沒，基地老師一把抱住小晴，用所有的力氣緊緊抱住她，很專心地抱著她，被抱住的小晴僵著身體呼吸急促，老師一邊陪她一邊等待她漸漸平穩下來……

Love X Story **紙箱男孩的真實色彩與斜槓日常**

阿哲，剛升五年級，被診斷出有妥瑞症的孩子。自從在基地老師關愛的「寶座」上得到肯定和學習動力，有時，完成自己的功課後，阿哲會教一年級的學妹，陪她慢慢地一遍遍念出注音符號的拼音……

加入我們，陪伴孩子安心長大

來到秘密基地的孩子或多或少都帶了點「傷」。這些孩子們生活中的變動和不確定總比一般的孩子多一些，也因此常會從孩子的眼中看見警戒與疑惑。如何讓孩子安心，「建立關係」是重要的第一課，基地老師們用心陪伴和照顧，尊重孩子的步伐，給予孩子空間以外，還需要再加上時間的考驗下才有機會讓孩子放下心防，而我們認為「孩子在安心之後，學習才有機會化為成長的養份」。

陪伴孩子的過程中，不間斷穩固的力量很重要，邀請您和我們一起成就這些改變的故事，在孩子成長的過程中，成為他的靠山，陪他走一段路，等待他長出羽翼，成長茁壯。

更多愛的故事

立即行動支持

「也是啦，現在小孩心中只有手遊，『恰查某』在他們眼中眞的就只是雜草而已。我聽生物老師說，這黑黑的鬼針，其實是種子，有倒鉤的刺，可緊緊抓住人類或動物的身體，繁殖能力頑強，掉在泥地上就冒出幼苗，所以『恰查某』隨處可見，在冷冽的冬季裡依舊開著小白花。」我以教授的口吻回話。

「你們醫界的人就是這樣，說什麼都像在做研究，生活太緊繃啦！其實你的身體也不是鐵打的，何不像鬼針一樣，黏著衣褲休息一下，還是會成萋萋青草。」小胖難得不市儈的訓起話來。

送走小胖後我邊開車邊想：「爲什麼蒲公英會四處開花成長？爲什麼鬼針草到處都是？」曙光更亮了，由於似乎想通檢查紅字的原因，整個人著實輕鬆不少。

學那肥鴿和五節芒，開始佇足與飛揚

想通事情，距離開始過著「暫停」生活，還是不到位，但指南宮觀察，間接促進了決心。

那次去指南宮，由於悠閒，特意默數宮前階梯，階數竟近兩百餘階，階前對聯：「指顧祥雲連鶴頂，南瞻瑞氣滿猴山。」感悟指南宮在山前臺榭中悠然挺立。感悟我只知忙碌，卻不知多久忘了悠然挺立？那次也見到一隻肥鴿，停在階柱，泰然自若看我，也不飛走，我看著牠，突悟生活處處有深意。

人生有太多階梯要走，要學那肥鴿暫歇，不用理由。老子不也說：「知足不辱，知止不殆，可以長久。」但這些啓發，健康促進行動還是不規律，直到有一次與好友小胖參加基隆近郊名勝「情人湖」健走活動，那天之後，生活翻轉。

那天約莫清晨六點到達山腳。這情人湖，光看名字就羅曼蒂克。此湖爲高山湖，有內環及外環散步道，甚幽靜，其湖光，其山色，就不再贅言。此時天色將明，晨光的沁涼，在湖旁，在湖底，在健走人們的心底。走著，走著，靜靜地走出了樹影，走入了太陰，就這樣不自覺閉眼盤坐在情人湖畔，純然寂靜。睜開眼，見湖畔有許多五節芒，這五節芒竟比我更靜靜地享受這湖光山色！我竟不如五節芒？

「這五節芒每天都繞在情人湖旁，比我們更享受啊！你說呢？」我問。

「是啊！我告訴你。這五節芒臺語叫『菅芒』，葉片細長如甘蔗葉，葉緣有堅硬的鋸狀小齒，會割傷人的。每年到九月、十月左右，五節芒就開始抽出花穗，剛開始整串花穗是紫紅色的，成熟後便轉爲黃褐色或灰白色，每個花穗有七十支小穗，每支小穗有一百朵小芒花，就是約有七千顆種子啦！幾乎走到那裡都看得到它的存在。我小時候，阿公阿嬤都用『菅芒』綁成掃把呢！」小胖很得意的說起他小時候的記憶。

天啊！原來小小的五節芒花就藏了七千顆種子，它也像像蒲公英、像鬼針草一樣，隨風四散，停在每寸土地上。但它的暫停似乎更多更廣，可以自在的出現在每個地方，直到芒花盛開，又到處的自在飛揚，這大概也是五節芒遍布廣於蒲公英、鬼針草的主因，因它有更多的佇足，更多的悠遊自在啊！

原來自己可以學棒球教練，學肥鴿、蒲公英、鬼針草、五節芒，隨時來個暫停，只爲了先蹲後跳，佇足也算是向前，追求更好的結果。那時，我才完全的開悟了，也爲我帶來健康。

我五十多歲時，生活眞正規律豐富了。有時化作蒲公英，像美麗的絨球獨自悠遊在海內外的青山綠野；有時變裝成鬼針草，黏著親愛的家人一起翱翔天涯；更多時候，我就是五節芒了，胸口有七千朵小芒花，隨風飄向四方，每一個地方都是我的驛站，因爲我知道，天黑了，路途遙遠，總要暫息。山高難遮日，明日朝陽初露，我又蓄勢待發啓程飄揚，乘風破浪！

「Time out!」你應該聽得出語氣堅定，因爲我健康，身心愉快。佇足暫停，隨時的，已成習慣。

快樂處方10：思索「第二曲線」

這是英國管理大師查爾斯．韓第所提出的。韓第認為組織在高峰時需想像危機，才能創造出另一條高峰。韓第也把「第二曲線」用在自己身上，透過迷惑、放下，找到全新的自我。我的日子也曾經非常忙碌，不知不覺中就忘了保養自己，最明顯的就是擁有了中廣身材。由於在醫院服務，知道手術前有一道非常嚴謹的「暫停」關卡，等到一切確認無誤，才會進行手術。我從中獲得啟發，才暫停一下，找到我的「第二曲線」，其中包括做健康促進活動，這個暫停讓我找回腰，找回了健康。

快樂在哪裡？是放在需艱苦跋涉的玉山頂上嗎？或者是放在要衝破驚濤駭浪的太平洋海底嗎？都不是的，快樂就在你的心底。可是人總在遇到挫折時，才會尋找自己的「第二曲線」，你如果能夠不問什麼，即早尋找，那麼一切將大大的不同。該是你重新思索改變的時候，我們雖是平凡人，有思索總會帶來一點的不同。

朋友，你可以停在天涯海角，因為天涯海角一直痴痴的在等一個有心人。建議你，停下來，審視自己現況是否為了追求名利，把自己弄得太緊繃了，改變生活型式吧，如同我採取暫停放下的行動，買個輕旅行的裝備，向家人告假，獨自去旅遊吧！透過輕旅行思索自己的「第二曲線」，或許可以燃起你久違的快樂。

寵物魂

我是不是笑得比繡球花還燦爛呢？我把自己當寵物，自己寵自己，以自由**解開「格羅佩斯的難題」**，因為自由才能自在，自在後，快樂就自然來了呢。

第一次去南港展覽館看寵物用品展時，著實嚇了一跳，想不到養寵物的人這麼多！更想不到的是，舉凡與生老病死、食衣住行育樂有關的寵物用品，琳瑯滿目均有販售。這也引起我的疑惑，人爲什麼會養寵物？問過很多飼養者，衆說紛紜。

單身者說，每天回家喜歡有寵物迎接，可降低孤單感；有孩子的人說，養隻寵物，孩子有了陪伴，也可從寵物身上學習乖巧；老年人說，孩子長大離家了，養隻寵物轉移關愛的對象。大家說法雖然不同，但問到爲什麼不用玩偶替代寵物，省去照顧的麻煩？他們都異口同聲的說「Hello Kitty」「皮卡丘」等布偶，設計雖然可愛，但不會活蹦亂跳的，也沒有生活中的互動，所以布偶無法取代寵物的。

另一個疑惑是，爲什麼人與寵物產生濃厚的感情？我傾向的說法是認爲動物沒有靈魂，但人卻有三魂七魄，對於自己的寵物，人的部分靈魂就轉移到寵物身上，自然互相依戀了。

這種依戀的過程，心理學家馬斯洛又補充了一個說法。他認爲，人除了最基本的生理與安全需求外，還有愛與被愛的社會需求。這個需求，是我們在成長中都有的經驗。

我們都不喜獨居，希望有伴一起生活，相處時間最長的，就是我們的父母、同學、同事了。從出生、上學、就業，這些人漸漸出現在我們的生命裡，甚至朝夕相處。在彼此互動的過程中，先感受到父母的呵護，同學和同事的愛護，在感受這種被人愛的情意後，又成了可以愛別人的個體。所以說，我們一生都糾纏在被人愛與愛別人的過程中，並且深深著迷，久了，甚至變成生活中的習慣，無法自拔了。

起心動念

當我們漸漸長大了、畢業了或是離職了，甚至有一天變老了，愛我們的父母、同學、同事，也漸漸離開了。當熟悉的身影和聲音不再縈繞，感覺很孤單，養隻寵物就變成可能的衝動。

要怎麼解釋這種衝動，可用海明威的《老人與海》來說明。

書中的老人，為何不享清福？為何要去大海中抓大魚？原來他常夢到獅子，獅子代表力量，有一股冥冥的衝動力量來了。但這力量還不足以讓他揚帆出海，真正讓老人出海的原因，就是他旁邊有一個願意聆聽他當年勇的小孩。如果有人崇拜時，人往往會失去理性，勇氣倍增。小孩津津有味的聆聽，竟促成老人有了出海的衝動力量，寵物就像那聆聽的小孩。

至於什麼樣的人，比較有養寵物的衝動，有人會用星座來比喻。像「金牛座」被歸類爲天生就喜歡養寵物，「處女座」因富有同情心養寵物，「摩羯座」則是爲了傾訴心聲養寵物，最浪漫的「雙魚座」，竟是因怕孤單而養寵物，其它星座當然也有不同的原因。

我喜歡這種增加生活情趣的說法，有一陣子，我還真的到處去追我的星座明星狗。

我是「金牛座」，按星座最適合養薩摩耶犬，一種白毛的巨犬，是西伯利亞看顧馴鹿拉雪橇的犬，臉彷彿帶微笑，貴氣十足。我在追這隻明星狗時，曾想過也許有一天，我應該去西伯利亞，不只去找電影《齊瓦哥醫師》中的那一排白樺樹，也該踏上薩摩耶犬的故鄉，追尋我的星座犬。

兩個體認

這純粹是生活上的偶然想法。但養寵物可是嚴肅的決定，勸你千萬別衝動，下決定前要想清楚，一個關於角色互換的問題。因爲人一生往往是先被愛的，如養起寵物，換成要學習愛寵物了。這是因爲寵物基本上就是動物，牠可能是十二生肖，甚至是貂、烏龜、刺蝟、鸚鵡、水豚、花枝鼠、接吻魚、耳廓狐、迷你驢等，如果不能付出無盡的愛，就休想讓寵物愛上你。

我認爲有幾個原因，讓你必須如此付出。

動物的智商比人類低太多了，最聰明的動物約只有小孩的智力。如把動物視同嬰兒，就知道要付出多少愛心，牠才會回應你。還有一個就是動物無法說話，人與人之間透過說話，彼此的感情容易昇華，但動物不然，對於動物的愛，必須非常明確，透過一次又一次的肢體語言，充滿愛心的行動，等牠確認你是眞心的，牠才會有回應。

還有一個最重要的體認，照顧寵物也是打一場無盡的體力戰。因爲動物無法獨立存活，必須二十四小時照顧牠，就好像養小孩一樣，所有歷經的酸甜苦辣，都會發生。另外也要把牠視爲一個獨立的個體，牠會吵著出門去，也會發脾氣，要養寵物，就要有生活被牠羈絆的心理準備。

我曾在聯合報南園，看到貔貅的雕像，相傳姜子牙騎著貔貅到處打勝仗，但牠最傳奇的特性，就是只吃東西卻不排泄，所以姜子牙只要餵牠吃東西，卻不用煩惱排泄的問題。但貔貅終是虛擬動物，所有動物都會有屎尿問題，以及無數的瑣碎照顧，每日都要費心費力處理，才能相安無事。爲了有寵物的陪伴，眞願意這樣的付出嗎？無怨無悔嗎？還是把散步、餵養責任都轉給移工了，如果主人不眞心，寵物一定會感受到，也許換來的只是虛情假意，牠的眞情反而轉移到移工身上了。

眞心者彼彼皆是

有太多的案例，證明這種眞心的付出。

有個電視藝人對寵物的愛心，就是眞心。她從繁殖場，領養一隻柯基狗，這狗因出過車禍未及時醫治，又關籠過久，以致骨盆移位，後來又罹患退化性脊髓神經病變，她依然無怨無悔的領養照顧牠，這種愛心，令人敬佩。

因爲有病的狗，照顧起來費心費力又耗錢，甚至在急症時，也因只有少數的動物醫院有手術設備，必須來回奔波，主人的辛苦想必一言難盡，叫我認養有病的狗，我就做不來。有人問這位藝人爲何領養牠，她說：「柯基狗的臉一向是笑笑的，當看到新聞照片，發現這隻柯基狗竟是面露憂愁，就想要救牠了。」她的眞心令人感動。

宋代詩人陸游，也是個貓奴，他曾寫〈贈貓〉一詩：「執鼠無功元不劾，一簞魚販以時來。看君終日常安臥，何事紛紛去又回。」白話一點說，陸游每天都買魚給貓吃，但這隻貓既抓不到老鼠，還到處走來走去，再睡個懶覺，也不理陸游，畫面非常有趣。只是，你可以接受你的付出，就只有這樣平淡的回饋嗎？我是無法接受的，但陸游卻願意付出，所以證明他對貓是眞心的。

我自己的經驗，戲稱被迫的眞心。

孩提時，被父親要求一個苦差事，那就是當看牛囝仔。每天一早，把繩子綁在牛鼻的銅扣上，先牽牛到山上或野地放牛吃草，傍晚牽牠回家前，再幫牠打身上的牛虻，又拉至池塘洗淨身子，順手割些水草扛在身上，再陪牠慢慢吃路邊草，一路走回家，然後再清牛糞、用乾稻草點煙燻蚊蟲、放水草在牠身旁當夜宵後，一天工作才告一段落。我有沒有把家牛當寵物？這很難回答。我們好像是工作上的伙伴，甚至有時討厭照顧牠的麻煩。可是，每當我出現時，牠會從遠處奔向我，並趁我鬆繩時舔我頭髮，在那瞬間，我是有把牠當寵物的心情。這微妙心情，個中滋味，也許只有馴獸師、訓練師能了解吧？

寵物是家人的時候

當寵物開始認你、黏你的時候，牠那深情的的回饋，讓你有成爲家人的感動。

那時，看寵物就像嬰兒般可愛，喜歡牠靜靜陪著你，讓你撫摸。小孩摸了不躁動，老人摸了燃起希望，憂鬱的人摸了情緒舒緩，如果你想說話，牠也願意靜聽，偶爾還撒嬌回應，吻你的感覺就像雲霧飄過一般，輕輕柔柔的，讓你的生活有了寄託。當然，牠也樂於與你爲伴，一起散步，陪你運動。這時的寵物，就如同你的家人了，對牠的一舉一動，你都能瞭若指掌。也因視牠爲家人，牠也會忠心待你。

在電影《忠犬小八》中，描述一名東京大學教授，養了一隻秋田犬，每天在家裡目送教授上班，並於傍晚去東京澀谷站，迎接教授下班。有一天教授猝死，牠仍然持續去車站等了數年，直至牠死去。這部電影雖已看了數次，對牠的忠心，每次仍會掉下眼淚。

報載臺灣高雄壽山動物園，也有一位「阿里爸爸」照顧非洲象「阿里」數十年的故事。「阿里」只認「阿里爸爸」的餵養，「阿里爸爸」可以叫牠做出側躺、趴臥、張大嘴、抬單腳等各種動作，「阿里」會以象鼻表示跟牠親暱，並喜歡看他做著清潔工作，他們之間，是比家人更像家人了。只是天下無不散的宴席，泰國就曾有象伕死亡，所養的大象雖有其它象相伴，仍憂鬱拒食而死的案例，看來「阿里」的有情，或許已變成壽山動物園的負擔了。

關鍵在生離死別的承受度

總結來說，養與不養寵物，實是人間兩難的抉擇，我看這其中最關鍵的是生離死別的承受能力，怎麼說呢？

每個人都會逐漸老去，身體的進程，也會慢慢的衰弱、退化、失能，個人照顧的能力也隨之衰弱、退化、失能了，我認爲當無法再妥善照顧寵物時，那就要你放手了，不要爲了自己的快樂去養寵物。

因爲寵物也一樣會逐漸老去，尤其寵物的生命短於人類有數倍之多，以致人送寵物往生會是常態，這種痛苦，我們先看林覺民的感受就知道。林覺民在〈與妻訣別書〉中，是這麼寫著：「謂吾忍舍汝而死，謂吾不知汝之不欲吾死也，故遂忍悲爲汝言之……吾充吾愛汝之心，助天下人愛其所愛，所以敢先汝而死，不顧汝也。」這就是說，先死的人，其實免除了爲摯愛送終的痛苦。當寵物往生後，主人的沉痛心情可想而知，並易罹患「喪失寵物憂鬱症候群」，精神科醫師也稱爲「病態性哀慟」，這哀慟讓人茶不思飯不想的，有人甚至會失眠或莫名的哭泣。如果一個人不能接受寵物往生，當沉痛嚴重時，那就千萬不要以「讓愛延續」的理由，再養寵物了。

有人曾問我老後養不養寵物爲伴？我不喜歡在聚餐時，還要趕回家餵養寵物；也不喜歡外出旅遊時，還要安排寵物的照顧問題。既然老了，好好照顧自己最重要，實在沒有心力再養寵物了。

你呢？養不養寵物？你當然可以選擇你的自在，隨你自己的靈魂去選擇吧。

快樂處方11：解開「格羅佩斯的難題」

華德．格羅佩斯是德國著名的建築師和建築教育家，有一次他設計的迪士尼樂園在對外開放前，只剩下各景點的道路怎麼聯絡，一直無法設計定案，這成了他的難題。在一次的旅遊中，他發現有一位賣葡萄的老太太，任由遊客自由投錢摘葡萄的作法，生意反而出奇的好。這給他靈感，原來自由才是最好的設計，於是他要求施工單位在各景點先種上草皮，一段時間後，再以人們走出有寬有窄的道路，按痕跡鋪設了人行道，這設計成了最佳的園林建築藝術。

我從格羅佩斯解開他的難題中，體會自由的可貴，從而觀察養寵物與自由的連結。養寵物的快樂無庸置疑，但寵物的壽命比人低，生離死別的場面太難受了，加上養起來費心費力，你的生活不免也遭束縛了。

養寵物的人都是有情人，就像作家三毛，她的夫婿走後，三毛說：「每想你一次，天上飄落一粒沙，從此形成了撒哈拉。」這種有情令人動容，只是有情仍需點理智。建議你，如果無法承受與寵物的生離死別，那就好好照顧自己，不用多想，選擇自由，不要再養寵物了。年紀老的人，也可擴大到照顧孫子都不要，以自由自在解開「格羅佩斯的難題」，或許可以燃起你久違的快樂。

眞心絮語，必然叨叨

孩子大了，叮嚀的話不要重覆講，你就想辦法寫下來，**書寫「峰終定律」**，才能發現自己有多囉嗦了。陪孩子玩，大家都快樂，不是很好嗎？

兒女就讀高中時，正處在人生的尷尬階段，他們不再像以前那麼依賴我了，同學才是他們的生活重心。這時，我雖還未到髮蒼蒼齒動搖的年紀，但他們已改叫我爲「老爸」了。當溝通時，我常在「寵愛」與「嚴厲」間左右爲難，加上他們不喜歡聽長篇大論，我又要維持風趣，對話常是短暫就結束，讓我老覺得當「老爸」沒盡責，太多話哽在喉嚨，沒有向兒女說個明白。

不知道天下的「老爸」，是否都有同感？我想「老爸」們要講的話內容雖不同，想提醒兒女的心意是相同的。總希望自己的兒女，避免如自己當年再犯同樣的錯誤，可以早日獨立自在的過活。我就是在這樣的心情下，想跟我的女兒、兒子，完整的表達我想說的話，語雖叨叨，但用文字表達，總希望他們早點體會，早日明白。

讀書是爲自己爭取機會，非爲父母而讀書

首先，要學會思考，辨別眞話。

二〇一七年，美國首席大法官約翰．羅伯茲在一所中學的畢業典禮

上，代表畢業生家長致詞，一般致詞以祝賀鼓勵居多，但他卻是嚴肅又風趣的發表一篇〈祝你不幸〉的演講，風靡了全球，我抄錄兩段讓你們意會他大概講的內容：

「在接下來幾年，我希望你們受到不公平的對待，這樣你們才知道公平正義的重要。」

「我希望你們嘗到背叛的滋味，這樣才能學習到忠誠的重要。」

爲什麼約翰．羅伯茲的致詞轟動全球，就一個「眞」字。現實的社會，多元的價值，讓人很難碰到講眞話，好聽的話充斥在社會各角落。所謂「忠言逆耳利於行」，一般人不喜歡忠言，因其逆耳。往往在公衆場合發言時，爲免招惹麻煩，眞話就講不出口。但是，你們是我兒女，老爸愛你們，所以我要講眞話。

人生常是一段奇妙的過程，有很多的十字路口，選擇錯了，整個人生際遇就不一樣了。作家陳之藩曾在文章中，表達一個意念，他說：「同樣的藍天白雲，同樣的綠草如茵，爲什麼劍橋、普林斯頓出了那麼多的諾貝爾得獎人，臺灣的大學卻沒有呢？」另一個類似的問題：「每個人都赤裸裸地來，又赤裸裸地去，爲什麼小嬰兒的時候都同樣可愛，長大後，每個人卻有不一樣的人生際遇。有的人幸福一生，有的人卻窮途潦倒呢？」這些疑惑，中年之後，終有一點體會，那就是當你面對選擇的十字路口，一定要選擇一條「對」的路，才會有幸福的結果。另外，請記住，我不可能陪你們一輩子，是你們要選擇自己的人生，絕不是我選擇你們的人生。

老爸有兄五人，老爸與三伯讀到碩博士，另外的兄長，都只有小學畢業，做工一輩子。其實你們的伯父們都是小學第一名畢業，因爲阿公那時太窮了，只能讓部分的孩子讀書，多數的孩子只好去當泥水匠，也就是伯父們是被迫沒法讀書，結果一輩子做工，可見讀書對一個人一生的影響。但這是多數的結果，請記得「多數」這兩個字，沒讀書後來成功的人也是有不少。我們都是平凡人，只要有偉大夢想，老爸我絕不反對。

「各位同學，人生是自己的，你可以學藝術，你可走技職教育，行行出狀元，只要你努力，沒有不成功的；現代的社會，訓練太多沒有用的大學生，比機車行的學徒都不如。有一技在身，可走遍天下；人生短暫，要及時行樂，只要你快樂就好，不要汲汲於名位，畢業證書也可能是一張廢紙。」

你們相信這是一些演講的內容嗎？不用懷疑。因為很多人喜歡聽這樣的話，這樣講，能讓人覺得演講者不古板，讓人覺得他很開明，但事實呢？臺灣的學生如果僅有高中畢業，很難找到合適的工作，所以多數的家長，都鼓勵兒女讀大學。我絕沒有瞧不起未讀大學的孩子，我只是誠實的告訴你們，人要選擇成功機率較大的道路，做父母的當然希望兒女是成功的，所以鼓勵你們讀大學，只是讓成功機率高而已。

「我想學攝影，還可打工賺錢；我想與同學唱歌，放鬆心情；我想騎單車環島，完成我的夢想；我想……」老爸知道你們有好多的想法，這些想法有錯嗎？絕沒有錯，但有些事不得不講清楚。我就分為「大學以前」及「大學以後」兩部分來說。簡單的說，「大學以前」是父母養育你們，「大學以後」的你們海闊天空，也該是你們自行負責走人生的道路。

希望你們在「大學以前」要以讀書為主要目標，生活中也可安排一些休閒或興趣活動，為什麼呢？為什麼許多人以拚上名校為目標？這是因為那些學生在人生勝利組的機率較高。我知道人生要快樂就好，但有一天父母會離去，誰希望自己的兒女可能三餐不繼，工作沒著落呢？

所以，要面對現實。如果讀書這件事，你已經安排得很好，不用補考，考試也有充分的準備，那你可參加喜歡的活動，因爲你已負責任地知道，這階段讀書才是主軸，活動是休閒而已。如果你已經爲大學立好目標，也在努力準備，我就放心你們對未來的選擇了。

想想你們這一代的平均餘命，如果是八十多歲，高中不過三年，占整個人生才四%，以四%的時間換取未來人生大好的機會，何樂而不爲？回想老爸在初入社會時，因爲受限於學歷，失去了很多機會。你們的祖父是農夫，不懂也不會告訴我這些道理，如果像你們一樣，有父親的叮嚀與鼓勵，我一定會努力更上層樓。

請記得，你們的努力都是爲自己，在努力的過程中，老爸絕對是你們的有力後盾，但我相信，因爲你們曾經努力過，以後就不會有太多的後悔，不管考上考上哪所大學，都有老爸的祝福。

老爸眞心的建議，請你們在「大學以前」，一定要以讀書爲主軸，顧好課業，其他活動都只是輔助性質，而不要以活動爲主，卻偏廢了課業，至於界線何在？你們心裡有數。等你們讀到「大學以後」，就請自行負責了。請記得，人生道路由自己選擇，到那時，老爸已不需要為你們操心了。

但天下的「老爸」都是囉嗦的，以下還想講別的真心話，怕你們看不懂，就講一些生活上的故事，也許你們更容意明白。

每個人都會遇到困難，不是只有你會碰到

第一個是面對逆境時。

考試不及格，臉上長痘痘，主管真囉嗦，欠一屁股債……如此這般，是陷入逆境了嗎？我肯定的說，這些都不是逆境。因為只要你努力，這些情況就會獲得改善的。如果一個老人身體功能退化，也還不是逆境，因為這是自然現象。如果做對事卻被罵，做錯事卻沒事，這樣也不是逆境，因為如此淬鍊，你才有成長。如果別人把工作推給你，這樣更不是逆境，因為你可累積工作經驗。那麼，老爸說的逆境究竟是什麼？我看只有被醫師宣布是超嚴重的癌症，才叫逆境吧！

健康不佳才是逆境，我研究養生方法和健康之道，簡單口訣就是規律運動、好好喝水、注意營養、睡個好覺、靜坐調息等，只要健康不生病，人生就沒有逆境啊！

所以，老爸要告訴你們的第一件事，就是身體健康才是王道。如此，順遂隨你思，快樂隨你想。別去想逆境，因爲，總有人比你更辛苦。

第二個是過山蝦的故事。

鮭魚生長在大海，卻要迴游至淡水河產卵，小鮭魚再回到大海中，臺灣的櫻花鉤吻鮭被困深山溪流，沒法再回到大海，卻也仍在高山的溪生存。這些迷人的小故事，好事之人著墨甚多，但你沒聽過臺灣的「過山蝦」吧？一生奮鬥經過，不輸鮭魚呢？原來這「過山蝦」，生長在臺灣河流中，卻必須回到海口產卵，然後小小的生命再溯河而上（與鮭魚相反），再回到父母生長的高山河流中。因爲小小的生命就要溯河，就是要由低處往高處游啊！這個臺灣小蝦，命運眞是比小鮭魚還辛苦，但溯河讓這些小蝦有強健臂膀（其爪甚爲龐大），我爲這些臺灣「過山蝦」的奮鬥而感動，因爲過山，那可是重重難關啊！

所以，老爸告訴你們的第二件事，就是每個人都會遇到困難，當遇到的時候，請學學「過山蝦」，就一定會度過難關。

有些事，肚子明白就好，才能行有餘力

第三個是老子教訓孔子的故事。

幾千年前，孔子知道老子比他有學問，所以去拜望他。老子送孔子離開的時候說：「爲了怕你沒收穫，我要告誡你的是：『不要在背後議人長短，不要主動揭發別人的缺點，否則你會招惹不必要的麻煩，並陷入困境。』」我不知道孔子後來有沒有受用。但老爸眞的犯了老子以上的告誡，並且吃足了苦頭。所以我要提醒你們，既然自己已經很忙了，不妨先做完眼前的工作，不要多話免得讓自己更忙啊！記得小時候的課本提到，有位冬烘先生讀書都不求甚解，說這樣不好，其實在生活中是不一定的，有時候「求甚解」反而讓人筋疲力盡，生活中每件事都這樣追根究柢，也是很累人的。

所以，老爸要告訴你們的第三件事，就是給自己減少麻煩，要聽老子

的規勸：「不要在背後議人長短，不要主動揭發別人的缺點」；廣欽老和尚也說過類似的話：「一個人對事情不論是好是壞、是對是錯，嘴裡不要亂說，肚子裡明白就好。嘴巴叨叨不休，無事也會變成有事，最後總是會害到自己。那些沒事叨叨的人要注意，這樣最會惹事。」老爸更希望你們選擇重點追根究柢，有些事，肚子明白就好，日子就會過得更輕鬆。

思考之後，相信自己的選擇

第四個是「布里丹驢子」的故事。

有一位叫布里丹哲學家，他養了一頭驢子，右邊放稻草，左邊放甘泉。這驢子還眞驢，牠左思右想，無法決定先喝水，還是先吃草，結果渴死餓死了。任何人都不想當布里丹驢子，那到底如何培養選擇的能力？曾嘗試從哈佛教授桑德爾的《正義：一場思辯之旅》這本書找答案，竟然把選擇分成要自由或要鈔票，或一種叫作「共善」的東西，不過這比較深奧，需要深入理解。

也曾讀過美國詩人佛洛斯特的〈未竟之路〉，那又是不同的選擇。你們讀讀看，一定有感，抄錄如下：

「那天早晨，兩條路都覆蓋在枯葉下，沒有踐踏的汙痕。啊，原先那條路留給另一天吧！明知道一條路會牽引出另一條路，我懷疑我是否會回到原處。在許多年以後，在某處，我會輕輕歎息說：黃樹林裡分叉兩條路，而我選擇了人跡稀少的一條小徑，那使得一切多麼地不同。」

所以，老爸告訴你們的第四件事，就是面對選擇本就是一件困難的事。你們還記得在小學習字時，那句玩笑話：「有邊讀邊，沒邊讀中間。」我們要相信自己的選擇，因為不管今天怎樣選擇，明天，雲還是雲，天還是天啊！在你們未來的人生裡，不論是右邊、左邊或中間，至少自己的意見要明確表達，運用智慧做出選擇，不用害怕選擇，千萬不要當一匹「布里丹驢子」。

選擇難免有錯，那就面對重來，眞的沒什麼大不了的。

其實，天下父母都盼望兒女回報的

第五個是「女兒紅」的故事。

你們看過作家簡媜寫的一本書《女兒紅》嗎？「女兒紅」是古時人家

若生女兒，即釀酒貯存，待女兒出嫁時再取出宴客，市面上還眞有賣「女兒紅」這款酒。它代表父母把女兒嫁出去的不捨，因爲女兒就此離開家，不捨似酒濃啊！現代，時空已無法阻隔親情，女兒回娘家已很方便，所以也就沒有再準備「女兒紅」的需要。我想起「女兒紅」，是因臺灣南部也產一種「女人果」，這「女人果」外表有點像奇異果，有一次你們特別買回來讓老爸老媽嘗鮮，吃起來口感如李子，但甜在我們心裡。我要說的是，你們要父母吃的是特別，但我們吃的是卻是兒女的貼心。

所以，老爸告訴你們的第五件事，就是父母對你們的千言萬語，心中牽掛你們，都是一輩子的，形於外的就是囉嗦叨唸，這是眞的，你們也閃不掉的。父母老說不用你們回報，其實是假的。請想想古時父母爲女兒釀「女兒紅」的不捨心情，有空就多向爲父母表達心意，天下的父母都愛這一套的，千萬別忘了。

雖然還想囉嗦下去，但你們願意看到這裡，老爸已很欣慰了，因爲眞心話是說不完的。再說一次，天下父母都是一樣的心情，你們要相信父母說的都是眞心話。

快樂處方12：書寫「峰終定律」

我們對體驗的記憶由兩個因素決定：高峰時與結束時的感覺。舉例來說，很許多大賣場都必須繞很久，才能買到想買的東西，這中間一定會看到精心布置的展示間，這是高峰時的感覺；然後在結帳出口處，又可買到可口便宜的冰淇淋，這是結束時的感覺。所以，我們雖然繞了賣場很久，下次卻還是願意再度光臨，這就是「峰終定律」。

我發現這個「峰終定律」，其實也適用於教養孩子，因為一般父母對子女的叮嚀，其實是重覆、瑣碎、沒有重點，與其讓孩子討厭父母的囉嗦，不如把想對孩子講的話一次寫下來（你寫的時候，才會知道自己也沒有中心思想）。在高峰時，一次放下已長大的孩子，然後與孩子的關係變成朋友，陪他們玩，跟他們在一起只談快樂的事情，這是「終」的做法。

囉嗦，是父母的通病，說得千篇一律，還以為句句是箴言。建議你，你的孩子如已國中以上，不妨把你想對孩子講的話寫下來吧，交給他們後，就在高峰結束，善用「峰終定律」，放下孩子，從此不當一位囉嗦的父母，你會發現，孩子才記得你們說什麼，更愛你們，或許可以燃起你久違的快樂。

放牛吃草

我到十八歲時還在幫父親牽牛回家。孩子大了，要早點把他們放牛吃草，**停損「沉沒成本」**，把自己照顧好，孩子及你都快樂。

「放牛吃草」是一句臺灣俗話，意思是放任不管，正面一點的意思就是放手。我是庄腳囝仔，童年就是如此過的。

我的母親是村婦，父親是農夫，沒讀過書。我有兄五人，姐五人，所以我是十一郎。從我懵懂開始，父母爲了生活，「櫬櫬採採」養我，其中大姐不幸落井，屘姐腹膜炎相繼過世，但因還有太多小孩嗷嗷待哺，也只能把我隨便養了。臺灣約在一九六〇年代，有那麼多「罔腰」的名字，就是大家境遇類似。

「放牛吃草」好嗎？一言難盡。倒是這個成長過程，讓我閉眼即見彩網飛揚，回憶滿滿。

雞鴨屎小孩去找鳥巢了

嚴格講，我在四歲前就已是「放牛吃草」了，現在來看，直叫不可思議。農家一般是閩南瓦房建築，再窮前面也有個庭院。庭院除了供晒穀外，最重要是當養雞養鴨場。農家的大門一般是敞開的，所以在室內或在庭院，我的朋友就是雞鴨了。雞鴨便便到處都是，我有時在地上爬著也隨手抓來吃，所以我也被戲稱爲「雞鴨屎小孩」。但長大後我頭好壯壯，也許就是這樣的環境，增強了我的免疫力，不因一丁點的細菌、病毒就生病，這吃雞鴨屎的生活，倒成了我的鍛鍊。

稍長，約在小學四年級前，還不用分擔農事，我的日子更是海闊天空。大人忙著張羅生活，小孩就野在田邊、野在山裡，而我最喜歡的就是找鳥巢了！

找鳥巢過程是既驚險又刺激。鄉下孩子一般是赤著腳走到竹林裡，靠著天生的直覺，就可以找到鳥巢。「鳥仔巢！鳥仔巢！」聽到這呼喊聲，一會兒，大家就群聚在鳥巢的竹子下。但鳥巢往往結在竹子的最高點，要找身手靈活的人爬上去。「你去爬啦！」被指定的人也不推辭，馬上抓住竹枝往上爬，竹下吆喝聲也同時響起：「加油！加油！」多人幾次的努力，終於瞧到。有時看到巢裡有鳥，有時就只見空巢，最壞的情況，竟看到毒蛇「青竹絲」吐舌示威。「青竹絲！快逃！」爬的人嚇得邊叫邊逃，樹下的同伴雖也會丟幾塊石頭幫腔作勢，最終還是逃之夭夭。

不過，鄉下孩子可以玩的地方太多了，找不成鳥巢，就會另起爐灶。

最常做的，就是找棵有橫枝的大樹，將二繩沿枝幹垂下，再綁個大約一個手臂長的樹塊，這鞦韆就完成了。「推大力一點！再大力一點！」通常坐的人爲求刺激，都會大聲示意。「換我啦！換我啦！」推的人做了一陣子苦力，也會跟坐的人抗議。但鞦韆位置有限，其它人只好另找遊戲，有人就坐在原盛秧苗的空桶上，靠衆人抬高，並一起喊些鄉村俚語：「新娘水噹噹，褲底破即空！」然後童稚的笑聲就蕩漾在樹蔭裡。

因爲是整天野在田邊或山裡，故有充足的時間，可以玩更多的遊戲，其中有一個我最喜歡玩的遊戲叫「殺刀」。這「殺刀」遊戲開始前，小朋友先以黑白猜拳方式，分成黑白二國，且各自指定某個牆面或樹木當作根據地，只要聽到「殺」聲響起，小朋友就衝向對方的陣營，以兩人對玩方式進行，雙方靠單手交戰，一方被砍中頭或腳，即算輸了，要自動到對方的根據地去，直到全軍覆沒爲止。「殺刀」遊戲雖只是揮舞單手，但在或砍或擋的動作之間，還是樂趣無窮。當然，童年遊戲不只這些，像丟沙包、踢毽子、衝堡壘、玩陀螺、尪仔標、騎馬打仗等，不勝枚舉。這些遊戲讓我的童年爬上了樹，沾上了土，奔馳在原野上。尤其樹下的搖啊搖，搖到我長大後，那影像彷佛九百里的山山水水，至今未散。

像這樣「放牛吃草」的日子，若說是讓孩子回歸大自然，顯然過於矯情。若我在雞鴨屎的環境中不幸感染，或我在找鳥巢過程中遭蛇咬，可能隨我大姐、貶姐早亡了。故適當保護兒童是必須的，因環境困頓而放任不管也是萬不得已啊！

放牛吃草日子，哪是如詩似畫

升上了小學五年級，眞的要放牛吃草了，回想起來，眞是苦不堪言。要張羅一隻牛吃的草，可不是簡單的事。家鄉並沒有那種「天蒼蒼，野茫茫，風吹草低見牛羊」的大草原，所以尋找草原是令人苦惱的事。加上牛的破壞力十足，二十公尺圓周範圍的草地，明明一早放牧時還綠意盎然，晚歸時卻只見黃泥了。牛還頗挑食，草必須變換，否則會吃不飽，牽牛回家的路上，牠又忙著食用路邊草，拉都拉不動，我只能無奈地陪著漫步回家。爲了餵飽牠，環境讓人必須動腦解決問題，當時年紀雖小，猶記得我將牧地約略分爲「蘆葦草」「牧草」「水草」，各區再找四個地點，如此循環放牧。但牠實在太會糟蹋草原，新草往往長不及再度放牧，讓我常爲找新牧地苦惱不已。

放牛吃草的苦惱事，可不只如此。就如我在〈寵物魂〉篇中提及，尙必須爲牛洗澡、打牛虻、清牛糞、燻蚊蟲、堆稻草等，這工作日復一日，苦不堪言。長大後，每讀到與牧童相關的詩句，感覺眞不是滋味。如唐詩人呂洞賓所描述的「牧童」是這樣的：

「草鋪横野六七里，笛弄晚風三四聲。歸來飯飽黃昏後，不脫蓑衣臥月明。」以我過去經歷牧牛苦味的看法，完全不認同這種悠哉。

村婦農夫的隱然身教

難道我那農忙的母親父親全然放任？也不是。回想起來，村婦農夫不懂教育的理論，對孩子的教育，就隱然在身教中了。

先說母親。

母親是在四十多歲的時候生下我，她常跟鄰居說最疼我了。長大後鄰居長輩告訴我，當年六月大熱天，母親晒稻穀背著我，採茶葉背著我，總要忙到三更半夜，才有一絲喘息，但怎麼忙，傍晚一定在庭院替我洗個沁涼的露天澡。

到了寒冷的十二月，母親又去蒐集人家不要的衣服，把我包著一層又一層，印象最深的是有件花色毛線衣，袖口還可把整隻手包起來保暖。所以，我家雖窮，母親卻會張羅溫暖，讓我從小溫暖長大。

但是，小時候也有怕的事，那就是母親竟把求來的香灰，勉強我喝下求平安。那灰濛濛的水色，像在呑灰塵，極難下嚥；也怕廚房櫃子裡的那碗綠豆湯，因爲那時沒有冰箱，放久了實在難喝，但我不敢反抗，每次都硬著頭皮喝下去。

另外，小時候每逢過年，必跟母親去觀音寺拜拜，母親從不給我買零食，但必到廟裡的迴廊邊，向一群乞丐施捨零錢，且是一個一個給，就怕遺漏其中一人。我可能是想吃，又嫌乞丐髒，鬧著她爲何給乞丐錢，卻不給我買零食？母親只拉著我走，不讓我任性得逞。

小時候也怕跟母親回娘家。她娘家與我們老家，相距有十多公里，因母親怕暈車，故牽著我的小手，採走路的方式回娘家，讓外公外婆看看我。她跟外公外婆閒話家常，然後又走路回家，母子都滿頭大汗，她為何經常如此的辛苦回娘家？我實在不懂。

我與母親的日常，小時候我不會問母親爲什麼要這麼做，等我爲人父時，我卻自然的走在這條同樣的道路了。

如果說母親給我的是呵護，我那當農夫的父親，給我最多的卻是一個「苦」字，印象最深的是「簑衣事件」。

國小時，我當班長，愛面子，最怕的是不體面的父親來學校找我了，偏偏他就那麼不聽話。那是一個下雨天，我正在教室與同學聊天，卻聽到有人在窗戶那邊大聲嚷嚷：「阿農！阿農！」當時，我裝作沒聽見，只是我們班那漂亮的副班長竟跑來對我說：「有一位稻草人找你。」也只好硬著頭皮出去見他了。

當時他是赤著腳，戴著斗笠，穿著簑衣，果然像稻草人。你問我他爲什麼來學校？原來，他是爲了縫合我那開口笑的球鞋來的。你們可知道，窮人家的孩子，球鞋壞了，都是勉強用拖的方式穿著，也只能一縫再縫了。偏偏父親縫球鞋的方法跟別人不同，他是叫我站著不動，然後拿著布袋針一針一針縫，小朋友最愛看熱鬧了，當時旁邊圍了一堆同學，那眞是我最尷尬的時刻。好不容易縫好了球鞋，看他離去的簑衣背影，才讓我鬆了一口氣，那是面子之苦。

還有其它的苦嗎？那當然。農家子弟最多的是勞動之苦。父親要我清晨五點多起床，幫忙採摘蓮霧及芭樂去市場賣；也叫我負責把綠竹林底下雜草全部拔除；更要我在大太陽底下，割除梯田崁上全部的野草，只是，這些苦都只是皮肉之苦，小時候最怕的苦就是他叫我去賣菜了。

鄉下人家與市場距離遙遠，我必須以扁擔扛著白菜、葫蘆、蘿蔔，走過數公里的黃泥路，才能到達市場。吵雜的市集，一早人行道及樹蔭下都已擠滿了小販，每當有人經過，小販們就會喊幾聲「來買菜喔！」招呼客人，這「來買菜喔」的叫聲，聲聲不絕於耳。

我好不容易也占住一個位置後，就依樣化葫蘆，對著來往的媽媽婆婆說：「買菜喔！來買菜喔！」捧場的卻沒幾人。好不容易有媽媽婆婆前來詢問菜價，卻囉嗦的嫌菜太老，我切了頭又切了尾後，她們竟甩頭就走了，讓我氣憤不已，但也無可奈何。一整個早上，才賣了百來塊錢，懷著忐忑不安的心情，又把剩菜扛回家去，正愁該怎麼處理，想不到父親說：「一枝草一點露，賣菜有剩是天注定，賺少還是可以矇度日子，鄰居某某很窮，你把這些賣剩的菜送去給他吧！」

長大後，當然就體會父親的用心了。原來他採取的是矇度日子，行有餘力，就盡量幫助別人。我如果懂得一點捨得，心存一點憐憫，對孩子有一點關心，吃得了一點的苦，一定來自我那父親的身教了。

你多久沒與家人圍坐一起了？

在放牛吃草的日子裡，庄腳人最不可思議的，竟是用工作來緊密連結全家人的感情。印象中，母親最喜歡做粿了，她常嚷著說：「扛米去A粿！A粿做點心！」這A粿就是把糯米碾成粉，加水搓揉後，可以做成各式各樣的食材，最常做的就是搓湯圓了。

搓湯圓讓全家人自然的在一起了。

開始前，母親會把圓篩拿出來擺在客廳裡，然後要我們把家裡的小板凳排在圓篩邊，並吆喝全家人坐上去。同時間，父親把粿拿出來，教我們用力的搓揉成光滑的條狀，並斷成一顆顆，就可搓湯圓了。搓湯圓的時候，大家圍在一起，圓篩團圓了全家人，你一言，我一語，說說笑笑的，雖是搓湯圓，但也凝聚全家人在一起的溫暖。父親邊做還會邊說故事，使用紅片膏時，就說這是用來搓紅湯圓，代表的是喜慶，至於沒摻料的白湯圓，他又說是做白銀，代表的是富貴。那時年紀小，不知道吃湯圓，怎會既有喜慶，又有富貴呢？只知道剛搓好的湯圓馬上下鍋煮，那滋味眞是美好，迄今回味，都感到幸福呢！

除了湯圓，在「六月當」的農忙季節，粿多數是做成米苔目，那也是最好的農忙點心。母親通常一早就洗好米篩，再將粿放在上面，經她巧手移動，一條條的米苔目，就像瀑布水花傾洩而出，瞬間成了農忙休息時的點心。所以「六月當」農忙雖然烈日當空，但在勞動中，遠遠看母親擔著點心的身影，聽到她大聲叫：「洗手呷點心喔！」那眞是幸福的聲音。然後耳邊又傳來父親喊著：「大家緊去樹仔腳呷點心喔！」那也是幸福的聲音，代表我們可暫歇吃點心了。

此外，父親母親在貧窮的日子裡，爲了讓大家有魚肉可吃，也是費盡心思，盡力張羅。最常見的就是哪家有婚喪喜慶，一定是全家出動，讓家人吃魚吃肉補充營養，宴席散了，還將剩菜包回家，作爲往後數日全家的佳餚。你們也許對這些舉動，覺得不合禮儀，也不合營養衛生，但對貧窮人家來說，全家人可以一起吃宴席，還可將剩菜包回家，讓家人有數日飽食一頓，那可是最大的的幸福呢！

我想說的是，哪一定要玩盡世界才快樂？全家人圍在一起吃東西，那感覺就是幸福，就是快樂，庄腳囝仔在這環境中長大，愛家也是耳濡目染自然養成的。長大後，我常常在想，爲什麼我會念念不忘搓湯圓的畫面？爲什麼我會浮現樹仔腳呷點心的影像？爲什麼吃剩菜讓我津津樂道？原來是我那農民村婦的父親母親，用他們全心的愛，把溫暖愜意留給我一輩子了。

放下你的孩子吧

看來，庄腳囝仔很難忘懷小時候的農家生活，因爲放牛吃草的日子，有深刻的苦，也有海闊天空的自由，一草一木，一顰一笑，歷歷在目，形成深刻的記憶，這是所有庄腳囝仔，最寶貴的人生資產，因爲開始的人生，塡得充實，填得自在。

國內已發展的「森林小學」，其理念標榜之一：「孩子必須學習獨立自主，擴展生活經驗……」這些教育理論，庄腳囝仔的父母不懂，但他們在生活中做了許多。

我的庄腳父母，放任孩子走在竹林中，跑在原野上，踏在蜿蜒的黃泥路，眼睛勾串著野溪粼粼。庄腳囝仔有大樹、野溪、透隙的陽光、斑駁的石頭薰陶，怎麼不會陽光開朗？

我的庄腳父母，在生活中懂得施捨並與鄰爲善，在困頓的環境中，用粗鄙樸拙的方式愛孩子，又竭盡所能的在工作中，把全家人緊密的結合在一起，孩子怎麼不會善良敦厚？

放手吧！只要有愛，孩子都感受得到，讓孩子們放牛吃草去，他們要不要回頭陪伴你，就任由他們了。

快樂處方13：停損「沉沒成本」

這是管理會計中的一個術語，係指人們投入了一定的時間或金錢後，他們便會持續努力做這件事。例如夾娃娃機，明明花了很多錢，都夾不到娃娃，卻仍一夾再夾。人們很容易陷入「沉沒成本效應」的心理陷阱中，也就是因為付出，卻得不到預期回報的心理不協調感。

我是庄腳囝仔，鄉下父母或許是因為窮困，很早就放下我，但所有父母的愛，我都感受到了。父母沒有投資我，卻讓我很早學習到獨立，更能提早賺錢回饋父母。退一步想想，我們退休後平均還有二十多年要活，經濟上不靠小孩養，如果沒有約千萬元以上的存款，是不夠的，故老本要提早準備，還將錢「沉沒」在小孩身上，顯然是不睿智的做法。

我知道，孩子是父母的心頭肉，可是，父母可曾永遠放在孩子的心頭？建議你，快放手你的孩子吧，如同我父母早就放牛吃草的行動，不要再想晚年孩子的陪伴或預期的回報，讓「沉沒成本」早點停損，把時間及金錢投資在自己身上，或許可以燃起你久違的快樂。

天空之城

從101大樓望過去，隆起的山形線，就是林口了。我現在住在林口，但我老的時候，**執行「鱷魚法則」**，決定遷出，改把錢投注在讓我快樂終老的地方。

遷住林口已三十多年了，剛來的時候，霧好濃。

家鄉鄰近林口，一個稱作龜山的地方。小時候，因爲臺地頂部平整，我們對住在山上的林口人，統稱「坪頂人」。地方耆老總會叮嚀待嫁少女，不要嫁給當地人，說他們都在磚窯或茶園幹粗活的，嫁過去會跟著吃苦。

那時候小，不以爲意。長大後，宿命安排竟當了林口人。

老祖宗隊伍雖長，卻不約而同愛上了林口

現在的林口，樣貌其實與小時候的林口，迥然不同。但我對最原始的林口，更充滿好奇。

有一個重大考古發現，爲我的好奇開啓了一扇窗。

一九九七年在靠八里海邊的林口「太平村」（今稱太平里），發現了史前人類的遺址。根據出土文物判斷，考古專家稱它爲「多重文化層疊壓」的遺址。這一句「疊壓」，如改用白話來說，就是老祖宗喜歡林口，世世代代從未背離。

到底是什麼原因，讓他們流連在此？這個疑問恐要藉助考古專家。

依照專家的發現，這原住民的隊伍好長，且每一代的風貌亦不同，如以出土文物及時間先後來稱呼他們，竟有六梯隊的原住民。最先落腳的是約六千萬年前的「大坌坑人」，再依序是「訊塘埔人」「圓山人」「植物園人」「十三行人」及「凱達格蘭人」。

一代代過去了，隊伍排到了三百多年前。近代的林口人與原住民的區別，就統稱「移民」吧！共有三梯隊，先驅隊伍是來自泉州及廣東的「墾殖漢人」，接著是隨國民政府來臺的「眷村人」，最後就是新市鎮開發後住進的「新市鎮人」。

名字雖不同，這九梯隊的人們，眷戀林口卻是不約而同。

人算不如天算，泉州人在林口得利了

寫到這裡，得說個移民墾殖的插曲，這插曲就是造化弄人。

依專家及《林口鄉志》的記載，在雍正初年（約西元一七二三年），廣東人「楊丁班」先生最先來到林口，那時候土地為「凱達格蘭人」所有。既然有先機，當然選擇最精華的區域，他向原住民選購了坡地的「寶斗厝坑」（今嘉寶村內），推測是因坑內有水源又可避風，應是最有利墾殖及居住的地方。再過了約七十多年的乾隆末年（約是西元一七九五年），泉州人「張小路」先生也到了林口，眼看占林口約四分之三的坡地精華區，已遭他人所有。可是一想，他是好不容易才通過「黑水溝」考驗，沒有退路了。迫不得已，「張小路」只好承購林口最頂部，最缺水源又長滿樹木的難墾之地「樹林口」（今是商業區，林口舊街一帶）。「張小路」一定料不到，他當年買的最貧瘠土地，竟是現在的商業區，竟爲後代子孫帶來了福氣。

漢人開墾林口，最初的精華區是在坡腳斜坡上；等到坡頂的村落成型，精華區就轉移至坡頂的林口舊街上；如今隨著新市鎮開發完成，精華區又轉移到忠孝路與文化二路中心區。

這情形，我抄錄元朝劉秉忠的一段詞來作總結。

「滄海變桑田。誰知有，壺中洞天？」看來，人算不如天算，我們生活上如選擇隨遇而安，壺中洞天就寄望未來吧！

林口是一座大森林？森林裡面野獸多

知道歷代前人的身影，心中另一個迷霧又起：「為何叫林口？」我實際去發現遺址的太平村探究。站在太平村的土地上，臨場想像老祖宗為何在此村長住？觀察久了，終有所得。

按這太平村依山傍水，位在林口臺地的坡腳，土地尚平整。前面濱臨海洋，後面山頂就是臺地平原。從太平村要去山頂，今有山路相通，雖非九彎十八拐，但開車實測結果，曲曲折折相距約十公里，仍需小心翼翼，山路迄今仍陡峭難行。

再想，古時往山頂無路可行，加上大樹橫阻陡坡峭壁，老祖宗要走到山頂，難！但再難，那一步還是跨出去了。

首先，對老祖宗來說，太平村應是遠古討生活的精華區。想像第一代的「大坌坑人」，他們看到的遠古林口，應該就是一座山，山上布滿了樹林，可是坡腳卻有平地可搭建房屋，有水源可賴以為生。「大坌坑人」發現這地方，一定是驚喜萬分吧？因為他們那時是以捕獸為生，眼光瞄向的重點是樹林。

那年代樹林想必有霧，但重點是野獸。

舉凡大地，應該先有野獸，供人們生活所需。原始的林口，就是茂密叢林，推測屬於中低海拔的闊葉林裡，有提供野獸遮掩的大樹；有提供野獸食物的花草昆蟲鳥獸；在平原、丘陵及叢林裡，那些野獸可能是梅花鹿、山羌、石虎，甚至是猛獸雲豹。有了野獸，「大坌坑人」帶狗狩獵，「大坌坑人」食物不虞匱乏了。

燒了樹林吧！看見了樹林口，我家在那裡

我在想在「大坌坑人」時，形成林口地名的「樹林口」應該還沒出現，因為野獸夠吃，漁撈充足，「大坌坑人」是不會想往山上發展的。過了約三千年吧？推測「圓山人」終於有了一些行動。

我先抄錄人類學家呂理政先生對「圓山人」生活的一段話：

「有人在刺魚，有人坐小木舟網魚。有人在淺水灘撈貝，岸上的人在煮貝、吃貝，他們經年累月丟棄吃完的貝殼，堆成貝塚。草茅後的緩坡

上，獵人用長矛和弓箭準備獵殺野鹿。遠處的山坡上，一小隊人正在放火燒林，準備開墾新農地。」

可見「圓山人」狩獵、捕魚及農業樣樣來。我最注意的是「一小隊人正在放火燒林，準備開墾新農地」這段文字。推想古代農具未機械化，「燒墾」是擴大農地最佳方式，迄今世界落後地區仍沿襲此法。我們再關注那把火吧！因爲一次又一次放火燒林，雖是想增加新農地，但樹林終於在不知不覺中有了破口，開始往山頂那一塊平原前進。

再過約八百年，也許考量捕獸、捕魚危險性高，又或沒有保育概念，獸源漁獲大量減少，後繼的「植物園人」，根本就以農業爲主要的生計方式，這下子樹林破口更大了。最後再歷經約七百年吧？「十三行人」因人口增多了，漁獵不易，又發明鐵器的農具，故開墾的農地更多了。農地終有不足的時候，加上漫長的狩獵過程中，也知道山頂樹林裡土地平整，爲了生存，也許又透過祖靈的同意，樹林的破口終於落在山頂臺地上，並形成主要的交通要道。不知何時，有人就以「樹林口」開始口耳相傳，才有了六千年後所稱的林口。

經歷了六千多年，這眞的是一條漫漫長路，「樹林口」作爲交通要道是肯定的，從此樹林口終於有機會轉換成地名。但這時的林口還是沒有白紙黑字的名字，他們都是用口耳相傳的方式，來傳述地理環境，最可能的情況，也許是這樣說的：

「你要來找我啊！我就住在『樹林口』前那個村子裡。」

一直到日據時代，依照《林口鄉志》記載，「樹林口」辦務署三個大字才出現在官方文件，但還是附屬在「新莊」之下。直到一九一九年，「林口庄」才獨立出現。算一算，有正式的「林口」名字，竟走了約六千年，可謂得來不易，彌足珍貴。

黑龍江省牡丹江市也有一座林口城

我也曾翻閱相關資料，在中國黑龍江省牡丹江市，竟然也有一處叫「林口鎭」。這城鎭是建在兩座山中間的平原，而臺灣的「林口區」，則須循山路爬坡向上，才能在臺地平原看到密集的房屋建築，此爲兩城最大的不同。但它們一樣屹立了六千年，也許將來有心人士會撮合爲姊妹市，屆時，當是美事一樁。

不過，有一點可惜的是，日本的「白川鄉」，一樣是在封閉的群山中造鎮，只因爲深受大雪之苦，竟然發展出「合掌造」建築來禦雪，如今此一特色已成世界文化遺產。林口一樣孤獨聳立在臺北盆地外，從汐止「天秀宮」望過去，林口就在天際線下，名符其實的天空之城，原有機會擘畫成世界級的獨特城鎮，如今看來，林口城雖美，但已成現代化的都市叢林，要成爲文化遺產的機會是消失了。

不再說紅土、茶葉，千年的苦翻轉了

再說，林口剛開始獨立有名字時，濃霧仍未散，要呈現風華的都市，還早。這時的林口人仍須胼手胝足，困苦生活，賴以爲生的，也只能就地取材。

第一個材料是泥土，沒料到吧！

林口臺地因爲地勢平坦又臨海，缺乏屏障，在風力強勁、高溫多雨的氣候下，臺地上的泥土，歷經千年淋溶作用，泥土裡的礦物質及有機物質都不見了，形成強酸、不肥沃的紅土層，雖不利農作，但卻是很好的紅磚材料。於是，磚窯廠讓林口人在沒有狩獵、農作、漁穫下，卻能維持生計。

第二個材料也與泥土有關。因爲紅土不易農作，卻適合種茶，大林口地區有一個「水尾」的地名，這說明臺地缺水，剛好茶葉又耐旱，故種茶讓林口人也可勉力過活。猶記得，小時候家貧，但「茶籽油配醬油飯」可是我家的美食。要做茶籽油，必須先翻山越嶺去採成熟的茶籽，這茶籽再經太陽曝晒，去除軟皮後，再以石頭或磚塊敲破硬殼，才能取出一丁點含油的內籽，內籽集袋後要送去哪裡榨油？就是林口。那時榨茶籽油的機器可都集中在林口，林口茶業鼎盛可見一斑。

從漢人開墾到以製磚種茶爲業，林口人又辛苦了約三百年。但歷代合起來約六千年的等待，豈能枉費！

有幾件事，讓林口終於脫離紅磚茶葉的苦日子，完全的改頭換面。這包括了高速公路開通，大型醫院、大型商場及電影院進駐，新市鎮開發等，林口人等待的幸福終於在近十年開始了！

你多久沒來林口？現在的林口，吃喝玩樂、就業醫療等一應俱全，高樓大廈櫛次鱗比，街廓整齊，綠蔭覆蓋率高，大型商場、星級飯店也來了，在在證明了林口這幾年的大躍進。六千年等待是值得的，林口從遠古的那一片樹林，經重新擘畫後，已變成了花園城市，加上機場捷運、高速公路，交通也四通八達，作為臺北的衛星城市，綽綽有餘。

林口的濃霧漸散，林口是臺灣的香格里拉

近十多年的變化，也令人感嘆：「十年河東十年河西，莫笑窮人穿破衣。」

人生際遇實難預料。林口人已由貧翻轉成富，但我觀察在地林口人並不炫富，完全沒有暴發戶的樣貌。就以婚嫁喜慶來說，在地林口人也不知從什麼時候開始，是不收紅包的，也許就以這樣的方式分享喜悅、感謝祖宗庇蔭。就算住在豪華別墅，依然出外擔任清潔員，問她：「都有錢了，幹嘛還做這種勞力工作？」你會聽到她們回答說：「交朋友啦！」看來林口人勞動成習。

我住在這個蓄勢待發的城市裡，當然也常孕育美夢。夢中最常被問：

「林口不是多霧嗎？熱鬧後有改變嗎？」我想說，林口的濃霧，的確因人潮聚集和地球暖化漸散了，但籠罩在林口人千年的愁雲慘霧，也確定風消雲散了。倒是，曾經做了一個奇特的夢，夢裡看到臺北盆地受地球暖化的影響，再過六千年後，竟被海水全部淹沒了，人們紛紛南向搬住臺地，那一個叫作香格里拉的地方。

醒來，慶幸，我就住林口，原來我在香格里拉。

快樂處方14：執行「鱷魚法則」

這是管理學理論之一，原意是如果有一隻鱷魚咬住你的腳，你如用手去試圖掙脫，鱷魚就會同時咬住你的腳與手，你越掙扎，被咬住的部位越多。所以，萬一鱷魚咬住你的腳，你要當機立斷，即捨一隻腳，你的損失最小。

我去探究林口歷史的過程，發現林口的精華區，竟然隨著時代的演變一變再變，這給我一個領悟，我們實不必死守老居。當我們行動開始遲緩，當子女難以分身照顧，或者我們想提早快樂，該是離家的時候，用自己的錢，尋找自己人生最後的香格里拉。或許有人會問我，退休金都不夠用了，哪有辦法遷住好的老人住宅？其實只要轉個念，多數人一輩子都有賺到一棟房子，不要留給子孫，去辦理「以房養老」貸款，還是辦得到的。

滄海桑田，任你風光一世，糟老頭、糟老婆子的宿命，總在前方等你。建議你，如你有辦法，快遷到好的老人住宅吧，那兒有活動、有老伴、有三餐呢。你不可能長命百歲，能捨才是福，執行「鱷魚法則」，不要只想把錢照顧子女，何不花自己的錢遷住更舒服的地方終老（年輕的你，也要靠自己掙錢，多勸你父母這麼做），或許可以燃起你久違的快樂。

第四章

逐夢蘊樂

鵬之徙於南冥者，水擊三千里，
摶扶搖而上者九萬里，去以六月息者也。
《莊子・逍遙遊》

未央橋

世上雖有許多美麗的橋，但仍以全家人共築的「未央橋」最美，因為橋上等著你的，就是你的家人，家人在一起，**醞釀「幸福感」**，做什麼都快樂。

多年前，我曾去大陸洛陽。友人特設宴盛情款待，席間有幾位新朋友，剛開始僅客套寒暄，幾杯黃湯下肚後，有人提議喊酒拳助興，考量兩地酒拳內容不同，本有遲疑。

但友人說：「其實酒拳只要雙方喊出的數字相符，喊拳內容不同反而增添樂趣。」於是開始比畫喊拳，兩地酒拳內容差異果然大，但喊到「七」這個數字，竟不約而同都喊出「乞巧」（藉乞字發音此引為數字七），這令雙方都驚訝萬分，當晚也因發現彼此祖先系出同源而更顯熱絡。

事後，我去查證「乞巧」的起源。

原來「乞巧」講的是牛郎織女鵲橋會的愛情故事。相傳七夕那天，織女星在西，牛郎星在東，透過喜鵲在銀河上架起的橋梁，讓牛郎和織女得以登橋相見，所以才稱鵲橋會。古人認為鵲橋會是好姻緣，故在七夕那天拜起織女，乞求自己有織女的巧手和姻緣，「乞巧」也就這麼在酒拳中流傳下來。

古人看到天上的星宿，幻想出天上的鵲橋，讓平凡的人間平添想像的樂趣，這一點已令人感佩了，但對看不到的陰間，竟也創造出另一座橋，就叫奈何橋。

奈何橋，在童年時就聽過了。

那時鄉下地方有人往生，會請道士唸經作法數天。靈堂是布置在庭院，四周有圍簾，上面有繪圖，畫的就是陰間十殿閻羅所管的工作內容，其中壞人上刀山下油鍋的畫面，令人觸目驚心。通常在唸經作法的空檔，道士也會一邊休息，一邊聊聊十殿閻羅的故事，其中轉輪閻王，就提到奈何橋。

原來鬼魂經過千辛萬苦的折磨，就會被牛頭馬面押往轉輪閻王處宣判，然後就被送到忘川河上的奈何橋。道士說這奈何橋有兩層，善人走上層，然後喝碗孟婆湯，就可走向往生路。惡人卻被直接扔到下層橋，橋內有蛇狗，直接咬住惡人推入汙濁的河中，永不超生。當時，我們小孩被道士唬得一愣一愣的。

關於歷史的橋

沒有鵲橋，就沒有牛郎織女流傳千古的浪漫故事；沒有奈何橋，人類就沒有善惡輪迴的心理嚇阻，可見橋在我們很早的生活中，就有很大的影響。

在古時候崎嶇不平的路上，古人要爬上爬下行走，一定會感到不便。有人用斷落的木頭橫放在窪地之間，於是「獨木橋」就出現在人類的生活裡。後來，隨著越來越多樣的取材方式，又有人用繩索在深谷中造了「吊橋」，再有了鋼筋水泥後，更讓橋的型式變化萬千。有像彩虹的「拱橋」，像章魚的「梁式橋」，像鳥籠的「桁架橋」，更有像豎琴的「斜張橋」，這些橋在各處的風景區，常就成爲主要的地標。

橋當地標後，也因建造的堅固，有些橋還可歷經百年而不毀，甚至讓後人睹橋思古，同樣的橋，在不同的時空背景，也有著不同的詠嘆。

西元約八百多年前，唐朝詩人杜牧突然想起他在揚州任職的摯友韓綽，寫下有名詩作〈寄揚州韓綽判官〉，有句詩這麼寫著：「二十四橋明月夜，玉人何處教吹蕭。」想必這對好友曾同遊二十四橋，才能如此牽掛好友。又過了約四百多年，宋代詩人姜夔又走到二十四橋，當時十里繁華的揚州城，已被金兵鐵蹄的蹂躪下殘破不堪。姜夔已沒有了杜牧的雅興，同樣的二十四橋，他卻寫下〈揚州慢〉，以詞興嘆：「二十四橋仍在，波心蕩、冷月無聲。」藉著波心的水紋，蕩入了冷月，無聲感嘆家園的殘破。

關於愛情的橋

現今的二十四橋已經改建過，但因爲杜牧、姜夔，增添了故事性，至今還有許多遊人造訪。橋究竟要有什麼樣的元素，才能成爲名橋。我想讓橋盛名不衰的最好元素，就是加上愛情故事。因爲橋通常建在河上或山谷之間，戀人約會在橋上飽覽湖光山色，可以蘊釀的情愫也最濃。但若要讓戀情再加濃，橋上的愛情鎖是最搭配的。

引領愛情鎖風潮者，已難考究，但義大利有一本小說《愛是如此孩子氣》，書中的戀人，把鎖掛在一座叫作「米爾維奥橋」的燈柱上，再將鑰匙拋入橋下的河中，鑰匙沉到河底，鎖也就打不開了，象徵彼此廝守終生的承諾。就這樣，有了象徵彼此相愛的媒介，本來普通的鎖，就變成了愛情鎖。

有樣學樣，世界各地的橋紛紛掛起了愛情鎖。法國巴黎塞納河上的藝術橋，英國泰晤士河上的千禧橋，俄國莫斯科河上的盧日科夫橋，德國萊茵河上的霍亨索倫橋，連臺灣各地的公園景觀、天橋上，都掛滿了大大小小的愛情鎖。

愛情鎖席捲了全球，可是，光有愛情鎖，還是嫌單調吧？要成爲吸引男女約會的名橋，必須是多元素的，最好用名人的愛情故事來加持。

例如義大利的「老橋」，是建在義大利佛羅倫斯市內，一座中世紀建造的拱橋，這座老橋跨在阿諾河上。橋上除了有愛情鎖，更因大作家「但丁」的愛情故事，也發生在這座橋，因而成爲樹立了男女朋友約會地點的首選。

但丁終生愛戀的女生叫貝德麗采，兩人在這座橋上相遇，但丁是這麼描述的：「她竟然向我點頭示意，把她那不可言傳的款款深情傳遞給我。這對我說，是一種天恩。」愛情鎖、阿諾河加上但丁的愛情故事，讓平凡無奇的「老橋」，賦予了生命，增添了丰采。

德國的霍亨索倫橋，是一座鐵路橋，可看到科隆大教堂，除了船隻、教堂、萊因河風光，德國歌手Hoehner的一曲〈把心交給我〉，就是描寫發生在霍亨索倫橋上的愛情故事，這首德國家喻戶曉的情歌，歌詞這樣寫的：

「這是一個新的風俗，會給我們倆人帶來幸福，這樣一座好宮殿誰都想要，上天也在時刻關注著，機會易得也易失哦！鎖上我們的宮殿，走到橋邊，可不能一人完成，我們倆一起將鑰匙扔進萊茵河。」沒錯，這就是愛情鎖。

歌詞前段，還把宮殿作了註解：「我的宮殿並不是很大，只是象徵著鐵一般地真愛誓言，誓言上刻著我們的名字。」就這樣，藉著情歌，德國人也記住了霍亨索倫橋。

在浪漫的義大利威尼斯城，也有一座「嘆息橋」。相傳嘆息橋以前是運送犯人的秘密通道，犯人只能從狹小的橋縫中，向外發出嚮往自由的嘆息，因而有嘆息橋之名。演變至今，人們到嘆息橋也不再嘆息了，反而相傳戀人只要在嘆息橋下擁吻，愛情就會長長久久。

如果橋都沒有上述的愛情元素，那該怎樣吸引戀人前來，並讓戀人停留較長的時間？有一種走橋的傳統，也能讓戀愛男女走向百年好合的未來。大陸好多橋都有這樣的傳統，據說在七夕之夜，牽手走遍西湖的斷橋、長橋、西泠橋，就象徵著愛情的三生三世。江蘇蘇州的用直鎮，利用鎮內四十多座古橋，讓情侶們確信攜手走過這些橋，他們的愛情就會長長久久，以此來吸引遊客。

臺灣的橋

臺灣各縣市也競相造橋，當作政績，但多數以造型取勝，「吊橋」「拱橋」「梁式橋」「桁架橋」「斜張橋」等等。吸引民眾目光的方式，只是費心思在橋面上，有的採用玻璃做成驚險的空中步道，有的橋柱以夜晚七彩霓紅燈取勝，更多以各種造型爭奇鬥豔。部分橋梁雖有愛情鎖，但沒有情歌、愛情故事、走橋的元素加持，是無法讓遊客加深印象，流連忘返的，因爲空有外型而無實質內涵，只能換來短暫的欣賞，不能維持長久。

這就是爲什麼造型絢麗的橋，卻無法獲得民眾一再青睞？因爲人喜歡故事，喜歡參與，喜歡緬懷，同樣去新竹縣尖石鄉那羅部落遊玩，遊客只喜歡去尋覓已封閉的那羅吊橋，只因爲那吊橋流傳著一個愛情故事，一個原住民男孩，邂逅一個平地漢族女孩的愛情故事，最終兩人未修成正果，男孩後來因病逝世，女孩就常至吊橋上，彈著吉他唱著兩人的情歌，雖不似德國歌手Hoehner的情歌〈把心交給我〉甜蜜，但淒美的愛情故事，讓遊客感動，看到的就不是荒廢的吊橋了。

屬於心的橋

所以，橋的造型再美，沒有各種增添的元素，形成這座橋的文化內涵，是無法打動人心的。就像我們讀書時，每天走過天橋，直到畢業。驀然回首，就懷念起那座天橋，雖然它過去默默無名，只因曾經常常從那橋上走過，就寄放心中某個角落了，那座專屬自己的無名天橋，其它遊玩過的漂亮橋，反而拋到九霄雲外了。

描述這麼多有關橋的故事，是因兒子愛追問：「你與媽媽有沒有浪漫的愛情故事？快告訴我。」我把以上有關橋的故事轉述給兒子聽，並問兒子：「我們全家人走過的橋，你覺得哪座橋最浪漫呢？」

「老爸！你不是讀了幾十次的《未央歌》嗎？常提到書中的美滿結局；媽媽也替你生了一女一子，全家人永遠在一起，這也是最美滿的事了。我看我們家走過最浪漫最美滿的橋，應該就是一座看不見的橋，這座橋就取名爲《未央橋》吧！你說這世上的橋，有比這橋更美嗎？我們家本來就擁有一座共同的橋，因爲美滿的橋，是全家人要持續走一輩子的。」

想不到兒子有這麼創意的想法，很有體悟。我想，每個人都起碼擁有兩座幸福橋，一座是記憶深處的「無名橋」，一座是與家人，每天一起擁有的「未央橋」。

幸福就在身旁，只是我們常常忽略，提醒自己：珍惜現在擁有的一切吧！

快樂處方15：醞釀「幸福感」之一

據醫學專家說，你我每天心情的好壞，受到腦內荷爾蒙的影響很大。你如是一個常常跑步的人，一定可以體會運動後滿頭大汗的幸福感，這是大腦分泌內啡肽給你帶來的；當你享受與家人，愛人或者朋友在一起的幸福感，是大腦分泌催產素產生的。

與內人戀愛時出遊喜歡與橋合影；共組家庭全家出遊，還是喜歡與橋合影，不是橋特別漂亮，而是與家人、愛人、朋友一起，大腦也許分泌了催產素，讓我特別的有幸福感。你一定也擁有我不知道的「無名橋」及「未央橋」，因為那是專屬你的，請你務必珍惜它。

為什麼在挫折時才想到家呢？其實，戀家可以隨時隨地，因為那裡有最真的溫暖。建議你，不論工作、課業再怎麼繁重，一定要抽出時間，主動安排家庭活動。剛開始，你要把它當工作來做，久了，也會帶動家人的主動性，活動來源就更廣了。那麼，陪你的家人、愛人及朋友，找到在一起的「幸福感」，就輕而易舉了，或許可以燃起你久違的快樂。

半生奉獻

蟬脫殼是為了成長，人在世上如能奉獻社會，心靈也會煥然一新，**醞釀「幸福感」**。如你還沒退休，請以當隱形志工的心意，努力的把工作做好，快樂就來。

一九六〇年代出生的人，小學時一定讀過一篇課文，標題叫作〈立志做大事〉，那是孫文在嶺南大學的演講詞。我們從小被教導要「立志做大事，不要做大官。」長大後，日夜奔波沉浮於事，關於做大事或做大官的論點，早就束之高閣了。

只是人生旅程眞是奧妙，不同的人，蓋棺論定時竟有很大的差異。有人功績彪炳，留名青史；有人成就特殊，記在墓誌銘上。多數人都是平凡結束人生，但子孫基於敬重，訃文陳述長輩生平事蹟時，仍是寫得洋洋灑灑。當然，也有人後事灑脫，什麼都不留下記錄，隨著一抔黃土或灰燼，就消失無蹤了。

我是平凡人，不可能攀附青史，亦非名人，沒資格寫墓誌銘，但已逾五十，回首自己的前半生，也想稍作一番省思。所謂「半生奉獻」，雖是天外飛來一筆的想法，但動機實是爲了重新調整腳步，若把人生歸零，重新開始，平凡的人生又會如何？

首先，前半生中利於家庭的部分，因屬私領域，故剔除於外。在服務機構的部分，既屬領薪份內的工作，故亦剔除。勉強說來，自認對社會有奉獻的，只有兩件，這兩件都沒有版權，卻是得來不易。

先說自認的第一件社會奉獻。

靈感初動

一九八五年初，我初至醫院上班，負責專案檢討工作。那時剛退役，沒有工作經驗，是社會新鮮人。只是當時主管管理嚴格，不分資歷深淺，一視同仁均須提改善案，我因進醫院工作不久，提案品質自是不佳，為此苦惱不已，只好翻閱市售ＩＥ提案相關書籍，尋找靈感。

機會來得太偶然了。

我在ＩＥ提案書中發現一個有趣案例，內容大意是：「早期日本烹煮食物，跟臺灣一樣都必須加味素，這案例就是關於日本味素ＩＥ提案的故事。故事是這樣的，日本某家味素廠，因味素銷量停滯，故公司主管主持ＩＥ提案改善的會議。某君竟然在開會中打瞌睡，主管震怒，把他叫醒要求提案。某君在驚恐中，隨口說出他的提案，這提案後來也獲得大獎。他提出家庭主婦使用味素習慣，都是把整盒味素的洞口弄破，再用手搖動加味素到食物中，如果把洞口加大，銷量自然大增。」

這提案給我靈感，原來ＩＥ提案也不必想得太複雜。後來，我提出了一個小提案，竟獲認可而推動，這提案就像味素盒加大開口那樣簡單，我的構想是，希望護理人員每天晨間護理中，取消原本兩人一組重鋪病人床單的工作，改用鬆緊帶套住床單四角，以節省護理的工時，節省的時間，可改做其它比較有技術性的護理工作。

南丁格爾的堅持

沒想到這個提案，引起喧然大波，竟還涉及南丁格爾的護理理念改變問題，事情有點複雜，不得不先說南丁格爾的護理理念，比較容易理解問題的癥結。

我們先回顧南丁格爾所處的年代，那是在十九世紀初期，護理工作還是由一些未受專業訓練的人員擔任，不需要專業證照的職業。一八五四年，英、俄之間發生戰爭，南丁格爾親赴前線的軍醫院服務，因目睹軍醫院環境汙穢、不衛生，而且缺乏設備，開始全面投入心力建立護理專業，大幅降低軍醫院的死亡率。她一戰成名，建立許多護理規範。對護理界來說，她是護理的前輩，多年以來，臺灣醫院的晨間護理工作，或多或少受她啓發和影響。

當時的晨間護理，約早上七點左右，護理師必須請病人下床，並以兩人一組方式，重新整理病床上已呈皺褶的床單，執行的手法，套用當時的護理名詞叫「鋪床技術」，也就是將床單平整的下壓在床墊下，床單四角必須折成九十度。初次看到，對護理師的靈巧動作相當佩服，只是床單四角終究不是固定，很容易因病人身軀扭動再度凌亂，且一床一床日復一日整理，對護理師工作量造成相當大的負擔。

當我提出床單改用加上鬆緊帶套住的提案，不再每日執行鋪床工作時，護理單位考量南丁格爾傳承的護理精神，護理師應親近病人的認知，認爲執行鋪床工作，尚有親近病人的衛教目的，故持保留意見，加上床單洗滌後竟縮小而無法套住床鋪四角，初試改善工作以失敗收場。

過了幾年，另有團隊發揮「畫眉千度拭，梳頭百遍撩」的精神，一試再試，採用「平織」的床單，洗滌烘乾後，終於不再縮小了，加上護理單位也已接受，護理師應以執行技術性護理工作爲主，自此病人床單改用套的，水到渠成。

遍地開花

我更驚訝的還在後頭。

幾年之後，臺灣各地醫院的病人，床單紛紛改成用套的，時至今日，這項沒有版權的改善，竟對社會有了貢獻，當然沒人知道這是誰起的頭，新進護理師，也不知道過去有晨間鋪床這碼事了。

只要對社會有貢獻，當初是誰出的主意，當然不是重點了，很多事，做得高興就好。

靈光再現

另一件沒有版權的社會奉獻，則是在我工作三十多年後才發生的。

那一年，我奉派在一家位於臺灣東北角的醫院服務。某天，我與健保申報部門約定檢討事情，不巧會議室全滿了，只好去那部門辦公室圍坐檢討。因緣際會，看到了改善契機。

因爲我發現辦公室的影印室，堆滿了紙本病歷，每一本病歷厚度如工具書，只見工作人員費力折頁，再將整本病歷按壓在影印機上，當影印機啓動，就見炫光一閃，即印出暗黑的病歷紙張，如此一頁又一頁，一本又一本重覆動作，極其辛勞。

我驚訝的不是印出的紙張品質差，令我感到訝異的是，三十多年前我剛到醫院報到，輪班訓練至病歷單位時，即擔任同樣的影印工作，三十多年後竟然什麼都沒改變，因爲三十多年後電子病歷已推動成熟，爲何還沒採電子病歷送審？爲何還用早期影印的作業模式？細問之下，才知道臺灣所有醫院都是如此作業，當下我決心改善，健保申報部門主管聞言欣然配合。

行動就此開展。

首先是與資訊部門、健保主管機關的溝通、電腦程式撰寫等，其中艱辛就不再贅述。第一筆電子病歷終於可以送出審查了，就像待嫁的女兒，充滿著期待。只是第一筆資料，竟費時五十二小時才完成送出，我們當然失望了。還好，臺灣東北角一向多雨，當時看著積水的街道，靈光一閃，莫非像排水管的光纖線路容量不足，造成資料的擁塞。一查，果不出所料，經與主管機關溝通，終於克服送審資料傳輸太慢的問題。

「苦人吃著苦味，兩苦相逢，可知道欲吞不去。」巨大工程又接連著考驗。因爲這項改善工作是要推動到臺灣各醫院的，故各個資料格式必須海納百川，有容乃大，於是乎醫師就源ＨＩＳ查閱、電腦自動歸類及命名、檢查圖形彩色傳輸、建立目錄清單及超連結功能、送審病歷整合自動化、提升傳輸速度等，改善團隊一次又一次檢討修正。

花開有成

做對的事，哪怕艱難？臺灣各醫院採用電子病歷送審健保單位，終於有成。

要怎麼形容這件事的重要，就用影印的紙張來說。依健保主管機關的估計，在還沒有採電子病歷送審前，臺灣各醫院影印病歷約達六千多萬的Ａ４紙張，高度約等於二十座的１０１大樓，這些紙張要砍約三千多棵樹呢！故本提案對環境的保護，無庸置疑。當時，各醫院也紛紛派人前來標竿學習，我們亦來者不拒。目前臺灣多數醫院，幾乎都改爲電子病歷送審，不再影印了，粉塵光害避免了，電力節省了，我們又默默在爲社會貢獻。

我爲什麼把這兩件沒有版權的半生奉獻，鉅細靡遺的描述出來，當然有我的理由。好的事，爲什麼不宣揚周知？

就以彩券的頭獎新聞來說，一般新聞刊載的內容，不外乎是中獎人的獎金分配計畫，計畫中除了提及置產、儲蓄、投資外，總會寫到中獎人公益捐獻對象，並說中獎人平常就有小額捐款做好事，才會中大獎的神蹟，這種請人多做公益必有好報的宣揚，我是支持的。

但我想再宣揚另一種概念，所謂的志工，除了傳統看得到，利用工作之餘濟弱扶傾外，其實，一個人或團隊只要在工作崗位上，努力不懈，盡自己本分，也可做出有益整個社會的事，把自己奉獻給社會，這樣也是在做「隱形的志工」啊！就像戴資穎認眞練球，進而獲得世界羽球球后，成爲臺灣之光，讓臺灣人引以爲傲，讓臺灣人看到新聞時興奮快樂，這也是在做「隱形的志工」。像這種沒有版權的奉獻，不論誰的貢獻多，只是想激發越來越多的人擔任「隱形的志工」，如此臺灣就越進步，臺灣人就活得越光采。

所以，我堅定的告訴各位：「我的後半生，人生又重新開始，臺灣，我要對你再奉獻，我要永遠做隱形的志工。」

快樂處方16：醞釀「幸福感」之二

醫學專家又表示，腦內荷爾蒙除了分泌內啡肽及催產素外，在我們積極的想完成某願望時，大腦也會分泌多巴胺，讓你有幸福感；此外，當我們從事志工服務別人，大腦更會分泌血清素產生幸福感。特別的是，越是無私的奉獻行為，其滿足快樂的生理回饋越能持久，可說是利人又利己。

同樣的，專家這些看法也可以再深究。但我工作接近四十年了，在這麼漫長的歲月中，勉為其難的僅擠出兩項對社會有貢獻的事，這兩項當然也靠團隊合作完成，每當有人提起，內心特別的快樂，原來是我的大腦也許在分泌多巴胺或血清素呢。

英國有一句諺語：「贈人玫瑰，手有餘香。」佛學修行法門六度：「布施、持戒、忍辱、精進、禪定、般若。」其中首度「布施」就是指幫助別人。建議你，在課業上，在工作中，盡量幫助同學、幫助同事，盡量找出可奉獻社會的事情，在日常生活中也盡量幫助別人，以從事隱形的志工為樂，找到自己學習上、工作上的「幸福感」，或許可以燃起你久違的快樂。

從無到有的旅程

年輕的時候，參與一個老人住宅興建案，本來是一片五節芒高草原，如今已經有許多長者住在那裡。**魂牽「自我實現」**的旅程，如今看到成果，心裡快樂。

從無到有，不是指買東西等小事，我指的是做件大事。爲何用「旅程」而不用「過程」？那是因爲從無到有的過程，令我記憶深刻，算是我人生一段愉快的旅程，值得我回味一生。至於我做過什麼大事，那是我在三十多歲時碰到的一件開發案。如今回首前塵，那源源不斷的往事一一浮現腦海。

話說年輕時的一個機緣，經手了一件開發案。起初，找了一間小辦公室，挽起衣袖，籌備工作就展開了。但是，籌備處只配置四個人，若問這人員規模對嗎？多年之後，我才知道這是對的開始。爲什麼呢？其實，每個人非十八般武藝皆懂，開發案是要用到各部門，由各部門的專家匯集意見，所以籌備處只是「管理規畫」，協調各部門來籌備開發，這就是不用多人的原因。常見許多重大開發案，籌備處人員排場很大，造成龐大的開支和浪費，往往是造成失敗的主因。

但我並不是來談管理的。當初開發的基地，現在已是花團錦簇，綠蔭綿延。但開發前是啥模樣？這基地南北狹長，東西較窄，那時觸目所及，幾乎五節芒滿山坡。又由於地處偏僻，山野小路，也是垃圾狼藉。那時究竟我們是如何進行從無到有的這段旅程，要說明的事太多了，我就提出十二這個數字。

十二可以聯想的事很多，十二時辰、十二個月、十二生肖、十二星座，還有很多十二的意義。我想藉《聖經》裡的十二來說。聖經裡認爲十二代表上帝的完美安排，是圓滿是成功的。例如，使徒約翰在異象裡看見天上有一座城，城牆有十二塊基石，上面有十二使徒的名字，這是上帝的圓滿安排。從無到有，求的就是凡事能有圓滿結果，所以十二代表圓滿，我嘗試以我們做過的十二件事，來印證爲何後來的開發過程能「諸事大吉」，爲何能圓滿的從無到有。

一、虔誠的祭拜

舉凡開發案，都要先注意基地上有無先人的墳墓，如果沒事先安排遷移，是犯了民間大忌。所以，我們向消防隊申請開火路，動員警衛人員手拉手，踏遍芒草坡地，小心翼翼找出所有像墳墓形狀的石頭，或是眞正的墓地，隨後通知其後人領回先人遺骨，並給予補償；無名氏者則安置於鄰近寺廟。

開發基地總要有工寮、事務所，只要動土就要祭拜，不論是道教的、佛教的，對工人的忌諱，我們都照辦，甚至還敦請鄰近寺廟老和尚，告誡工人們注意工地如廁衛生，直指樹只要是高約一米五，就住有精靈，請大家務必手拍三聲，才能做野外方便之事。我們並非迷信，只是順從民間習俗，避免工人間因偶發事件而怪罪我們沒祭拜，沒尊重先人，這樣可杜絕悠悠之口。事後印證，從工人心理著手，收效宏大，開發案從基地開工到完成是「零災害」，這也是一件令人心安的大事。

社會上有很多類似遷墳祭拜的規矩，且不要視爲迷信，這些不成文的慣例，是維繫團體或社會心理層面的力量，相信它，力量就來。

二、**周旋到底**

我個人的經驗，開發案並不是做對的事，就一定獲得主管機關的支持，那是一段我稱之爲周旋的過程，因爲不斷衍出新的事端，怎麼說呢？

先從「時間」說起。這開發案，從規畫到開幕，前後花了約十二年，這段時間，又可以分成兩個階段。

第一個階段，我稱之爲「許可期」，歷經千辛萬苦，終於取得開發的許可文件，正式動工，這可是費了六年多時間。接著到第二階段，我稱之爲「民眾溝通期」，面對附近民眾回饋的聲浪，只能邊建邊溝通，才終於完工開幕，這又耗了六年多。如將開發的結果形容爲孩子的誕生，這孩子眞可說是得來不易。

接著來談主管機關許可的「文件」，一句話總結：「開發許可萬萬件。」

因爲主管機關突然通知你又缺少了某份文件，我常心理嘀咕：「怎麼不早點說，都是在最後關頭才知又缺了某份文件呢？」

我曾細數這些許可文件，光是來往的正式公文就近三百次，大大小小的用印亦達八百多顆，私下的溝通文件，就不計了。每當看到這些許可文件，雖然只是每頁A4大小，但都是艱辛的努力成果。

另外，主管機關的許可開發，即所謂的「程序」。爲了這些程序，必須自己遍讀法令，因爲主管機關不會事先說明，需要自行研讀摸索。

開始時，以爲找都計單位即可，故讀了「都計變更相關法令」。誰曉得都計單位說，要先找主管機關支持，故又讀了「開發相關法令」，等到以爲備齊了，又說，先要環評審查，趕忙又去讀「環評相關法令」。

接著，環評後又需要去讀「水保相關法令」「地籍許可整理相關法令」「施工許可相關法令」，那些許可文件就是這樣辛苦得來的，我記得讀過的主要法令有三十多種，那種條文式法令，讀來苦澀又無趣，只爲求突破主管機關的要求，只好勉強自己去找答案。

歷經這麼多周旋的過程，回想起來，雖布滿荊棘，但終究有成果了。人生也常如此，我們很難遇到一位什麼都懂的專家來指導，就算碰到了，也很難企望人家主動告知該怎麼做，一定要走出去周旋，困難就迎刃而解了！

當然，開發期間，還有很多的陣痛，這些陣痛都是關鍵，隱然藏著危機，從各個角落溢出，從每一寸土地溢出，甚至從四面八方，鋪天蓋地而來，但我們每次都必須化解成轉機。當我到髮蒼蒼齒動搖時，再回憶往事，那眞是令人刻骨銘心啊！

三、下雨天眞好

行政人員做開發案，可說是瞎子摸象。起初，帶頭的主管也吃足苦頭，毫無進展，直到某一次的下雨天。

那一天，主管再次拜訪主管機關溝通想法，但主事官員一直以「開會中」搪塞。那時，我的主管在萬斤重擔驅使下，只有茫然的等待，直到下了一場雨，也不知是故意還是無意，總之，淋濕的主管，被請進那扇門，所有法定程序才豁然開朗，開發案也才走上一條明朗的大道，那場雨，下得眞好！

所以，相信好運會降臨，也可以帶給自己力量。

四、一步也不讓 vs. 何不食肉糜

開發案的關鍵之一，當然是環評。環評委員心中有無數的社會責任，嚴格審查，令人敬佩。但是也有委員的人生哲學，就是一步也不讓，非常堅持。

後來，透過不斷的溝通，讓委員們知道籌建機構是社會缺少的資源，且屬於艱困行業，敵意稍降，但仍僵持於非屬環保範籌，有關「社區化」或「機構化」的理念爭議。

有一次，我大膽跟委員們直說道理，認爲委員們堅持的「社區化」，就好像「何不食肉糜」的故事，太不切實際了，其實讓「機構化」與「社區化」併行，自然可培訓許多人才，完全「社區化」的目標才能實現。

我總覺得，委員們有聽進去，因爲後來我們的環評有條件通過了。所以，溝通不成，就要多想方法、多繞個彎，甚至大膽直說，焉有不成之理？

五、九二一大地震

九二一大地震，天搖地動，除了祈禱災民平安外，我們想到的是，開發的建物應該設計耐幾級地震。

經過一陣的查證，原來基地附近，就是「斷層支線」，它是不活動的斷層，雖然我們的建物離它超過兩百公尺以上的安全距離，但本次的地震，確立了建物耐震強度，採最高耐震等級的設計。

原來，天意等細節也要因應的。

六、最大的回饋

某次報告，向主管回報地方要求回饋的難題。主管說：「你們不知道在當地興建機構，就是最大的回饋嗎？你們不會說嗎？」

坦白說，地方要的是「實質回饋」，與主管的大哉說法，實在是有點距離。但經過多年的努力，從剛開始囁嚅的說明，並遭地方人士的訕笑，漸漸的，那些地方老百姓，要求回饋的聲音降低了，有識之士，私下也多表認同主管的說法。事後想想，這種說法是一把天王劍，其利足以砍斷地方不合理的回饋要求，只是當時還無法參透，眞是有愧於主管的大智慧。

堅持對的理念，方向就對，才能做對事啊！

七、高速鐵路及巴黎鐵塔

有些事，想都想不到。

高速鐵路隧道，竟然從我們開發基地北側橋附近下面一百五十公尺地底通過。知道這樣的事後，就主動與高鐵相關工程師、主管機關協商，相關建物位置確保是安全興建。有了這樣的努力，建物才可奠定百年基業，高速鐵路每天的流動，我們卻是紋風不動的自在。眞的，一點感覺都沒有。

巴黎鐵塔，那是戲稱基地前的電塔。

那些電塔很礙眼，更礙眼的是，本來基地前兩百公尺正前方，就矗立了一座電塔，不移走，實在對建物安全有害。但說容易，做起來可難了，因爲電塔線是直拉的，移一座電塔，可要動到後面好幾座電塔，說什麼都是困難的事。

我們團隊，就出了一位願意到處去彎腰請託協調的處長，寫的協調報告厚達一公尺，現在看到的電塔，不是在正前方，而是偏移了三百公尺，眞了不起，我們向他致敬。

不論是高速鐵路或電塔，勇敢面對協調，事情就這樣解決了，坐困愁城，應該是於事無補的。

八、砂石車司機

開發後的建物，是山坡地建築。開挖時，可是巨大的工程，我說的是土石移動工程。

原來，基地的土石，經地質鑽探，都是礫石層，就是土裡面好多的石頭，這是資源，當時我們把開挖的土石，就近當道路的基座，於是砂石車出現了。一臺砂石車，看起來很巨大，其實一車只能載十立方米的土石，所以當時的開挖工程，砂石車流動了數千趟，形成川流不息的景象。每一次的流動，出了工區，我們都堅持司機必須清洗砂石車輪上的黃土，這樣的堅持，讓馬路還是馬路啊！

所以，堅持做對的事，就連砂石車司機都完全配合。

九、黃黃的流水

該來的，防都防不住。

雖然我們在開挖的地面，遍植草皮，但一場颱風來了，晚上我接到一通緊急電話，大意是，基地附近的村落淹大水。

趕到的時候已是晚上九點，冒雨勘災，黃水一片，當然抱怨聲四起。那時，我做了一個決定，緊急動員百名工人，等晚上十一點多，風雨漸小，開始挨家挨戶清掃汙泥積水，民衆有輕聲怨言，但力道小了，因爲午夜及時的行動，化解停工的危機。

所以，遇緊急案件，趕快停損，能做多少算多少，反彈力道自然輕了。

十、乾隆時期的墳墓

基地裡，有一個乾隆時期的墳墓，家屬一直不願意配合移遷，由於恰位於道路旁，百般協調無效，不得已只好依法動用保安警察遷墓。這樣的決定，其實我已思考過，那是對先人尊敬所做的決定。因爲我想，施工可能已破壞左青龍右白虎的風水，該墓位置可能積水，「蔭骨」也對子孫不利，既然遷墓對墓主有利，溝通無效下，只好見章行事了。

那天，我特意將車停於山下，爬山至墓地。一切都已安排好了，只見一堆保安警察、撿骨師祭拜，行禮如儀，家屬二十餘名則阻絕工地外，等挖土機開墓，只見骨甕積水，果如所料，當即指示讓家屬進來。怒氣沖沖的家屬，人人喊打，我當時請家屬長老見「蔭骨」，化解多數人的疑慮，隨後請撿骨師攜走安置於市立納骨塔。我即在衆人紛亂中離開現場，並採爬山方式迂迴的回到山下取車，並請友好工頭號召工人勸離家屬，家屬見不著我，冥紙一撒，無趣離開。

人生有這樣的經歷，也算是精采的回憶。不過，平常懂左青龍右白虎風水，「蔭骨」有害子孫等常識，也要累積以備不時之用。

十一、摸黑的射箭

開發基地要有電，就必須將兩邊的電塔接線，但這犯了當地的大忌，因爲當地有大量電塔，村民看到電塔就有氣，再看要架線，當然抗爭伺候。我也曾協調依法架線，但沒料到村民竟然請吊車喀嚓剪斷！架線不成，就沒有電，基地只能漆黑。

這不成，只好又請保安警察出面，依法強制架線。事前，我還去別處抗爭現場，學習如何化解抗爭，溫柔致歉呢！

當天午夜，我們在兩個山頭射箭，將滑輪線架妥，並垂下電線和有電布條（其實是沒電啦），免得又遭民衆剪除。次日上午，果如預料，民衆、民意代表、媒體、保安警察數百名，混亂中，一聲令下，電塔線架設開始，兩小時後送電，塵埃落定，阿彌陀佛。

所以，勇於負責，並努力想出辦法（如前述垂下電線和有電布條），才能在艱困環境中，解決問題，想要寄望別人的巧思，往往換來空等待及失望。

十二、溝邊的樟樹

由於是山坡地開發，區外排水順暢也是關鍵，其中重頭戲就是野溪整治。但沒想到的事發生了，野溪雖然是國有地，但施工挖土機可要經過私有地，地主竟然要求過路費，又形成僵局，影響的是，拿取雜照遇到阻礙。

但是，我們怎可滿足地主無理的要求？直到有一天，邀宴地主，幾杯黃湯下肚後，趁機向地主表達溝邊可代種樟樹，竟然就順利取得同意書。

那種柳暗花明又一村的感覺，眞爽！我確信，機會總是留給不放棄的人。

總結在盡力，無就變成有

整個從無到有的旅程，當然不止這十二件事。但每件事，都是圓滿前必須盡力，我曾經與向我抗爭的人，多次溝通後變成朋友；我曾經動員家族成員，規勸民意代表不要反對興建，只因爲我是在地的子弟，知道這項開發對地方有益；我曾經爲了一棵棵原生的樹木，向工程人員表達愛惜之意；我曾經爲了一片草地，將原本是高低起伏，雜亂無章的地貌，發動居民、民意代表、政府官員會勘後，才成就那一片盎然的綠地。

一棟一棟的建築物，背後蘊含許多的故事，那些故事所累積的就是文化的展現。有那麼多故事，才成就圓滿，那是眾人的力量，是團隊努力的成果。

遇到事情，就去做吧！挫折難免，盡力，事情總會完成，旅程終點就有滿滿的回憶。

快樂處方17：魂牽「自我實現」

我實在太欽佩心理學家馬斯洛的需求層次理論，這個理論在教科書裡隨處可見，它解釋了人們許多的行為。你要知道，不論販夫走卒，或者是達官貴人，大家走的人生軌跡其實差異不大，需求都是由生理、安全、社會、尊重慢慢地堆高，最終的「自我實現」需求讓大家感到最快樂。

舉例來說，一輩子沒出國的人，想到辛苦那麼久，看到別人出國興高采烈的，退休的時候，立即安排出國旅遊實現多年心願，這就是「自我實現」的具體表現。另外，每個人想實現的願望也許都不同，但只要讓心靈先到達那個地方，實現願望就不難了，等到夢想完成那天，充滿快樂也是相同的。只是，每一個人的聰明才智高低不同，故也不必把自己想實現的夢想訂的太高，免得做不到，反而有挫折感呢。

村上春樹寫的「小確幸」，一定是先有期待的小事，偶然間它降臨了，心也滿足快樂了。任誰都希望生活處處有「小確幸」吧？只是，找這種快樂其實可以更有心，有心就可以找到更多的「小確幸」。建議你，快去把想了很久的「小夢想」著手實現吧！或者認命的在工作中突破各種困難，當作「自我實現」的機會，或許可以燃起你久違的快樂。

實願的苦味

這是我往玉山主峰的途中，每走一步，都在實現自己的願望，如今臺灣人一生中要做的三件事，我都完成了。人生有夢，**正向「自證預言」**，人生真快樂。

忘了聽誰說的：「生爲臺灣人，一生中一定要做三件事，一個是登上玉山，一個是橫渡日月潭，一個是騎腳踏車環島。」這三件事我都做了，其間的甘甜竟是來自實現願望過程的苦味。

第一個完成的是騎腳踏車環島，約二十歲出頭就做了，當時還眞有點莽撞。趁著在宜蘭的工廠工讀，工讀結束，幾個同學互相吆喝，就決定一起騎腳踏車環島。

年輕眞的就是本錢，當時只買了二手的變速腳踏車，查到各縣市的親友可安排住宿外，也沒有縝密計畫，只帶了一張地圖，一群人就匆匆上路。

環島的苦

苦果然就在前方道路迎接我們。

我們是由宜蘭往屏東順時鐘環島。剛開始還沒默契，第一個苦是等人之苦。由於每個人體力不同，前進速度不一，加上一九八〇年代沒有手機，速度快的人，常在路旁痴等後面的同伴趕上，當見到人影出現時特別興奮。幾次苦等經驗之後，就決定改採人盯人的方式前進，帶頭者不時得停下控制速度，等人情況在第一天就大爲改善了。

第二個苦接踵而來，那是找路的辛苦。當時沒有手機，沒有ＧＰＳ，地圖的路與行車的路，差異之大難以想像。好在我們還有一張嘴，全程我們都是把路問出來的，臺灣人指路的熱情，迄今難忘，彼此往往也會攀談一番，熱心的路人或砂石車司機，一聲聲的加油，一隻隻豎起的大拇指，讓我們又有往前的勇氣。

第三個苦是晾衣之苦。那年代的裝備簡陋，變速腳踏車也沒籃子，只能背著有個束帶的小背包，裡面只裝些飲用水、營養餅乾、換洗衣服就滿了，加上當年也沒有易乾的運動衣，我們可都是穿著傳統棉質內衣。在東部時頂著大太陽，只是幾個爬坡，內衣就濕透了，只好趁著休息的空檔，找水洗衣或直接脫衣擰乾衣除去汗臭味，但往往還沒乾就又穿著濕衣前進。還好有蔚藍的海洋、秀麗的山巒、迷人的山嵐陪伴著，又看到日出的壯闊，感受日落的綺麗，濕衣眞的不礙年輕的我們。

再來是歷經淋雨悶熱的辛苦。在東部是大太陽，到西部卻遇上了豪大雨，當時沒有超商賣的套住全身的雨衣，我們的雨衣就像一件床單，只能在脖子和腰身處打結披在身上，邊騎車邊拉雨衣遮雨，這種裝備，讓路途變得更辛苦，個個成了落湯雞。長途騎車悶熱很難過，也只能一步一步踩著踏板努力前進，但環繞身旁的田園、花海、廟宇、橋梁等美景，依然深印在心底。

二手貨就是二手貨，腳踏車「落鍊」最是痛苦。成員中每個人的腳踏車都出現「落鍊」狀況，只能騎一段算一段，但老天眷顧，竟都能騎到大城鎮，請師傅巧手修理。回想起「落鍊」修車時，彼此的關懷，讓成員間的感情更緊密了，等待中的談笑，更讓友情升溫。我們也學會不再匆匆前進，利用難得的空閒，花生、菱角、冰棒、肉圓、臭豆腐、豬血湯等一一入口，夜晚睡在好客人家打地鋪，談論最多的竟是「落鍊」時的滋味。

一路上，當然還有其他的辛苦，尤其當一個人騎在單調的公路上，多數時候是車輛、灰塵夾雜著腿的酸楚，長途的騎車的寂寞，想想眞是何苦來哉？但四十多年過去了，我曾用雙腳踩著踏板繞了臺灣，用雙腳感受的苦味，迄今仍津津有味的從我嘴裡說出，因爲這是我年少輕狂時第一次的突破印記啊！

三十多年之後，這中間的日子啊！充滿許多的曲折，歷經各種酸甜苦辣後，我終於再度醒悟，想回到年輕時快樂自在的軌道上，收起行囊又去完成了橫渡日月潭的壯舉。

橫渡的苦

又興起橫渡日月潭的衝動，當然先去游泳池試試自己的長泳實力，第一次竟只能游一百公尺，因爲橫渡的目標距離是三千公尺，還差之千里，心裡有了困難的苦味，差點打退堂鼓。但心裡另一個聲音又催促著，男子漢豈可如此沒勇氣，於是每天往游泳池報到，整整練習三十五天後，才能一次長游一千公尺，每次都是精疲力盡，那叫皮肉之苦吧？過了一千公尺，泳姿固定後，又游了近月，終突破三千公尺，這期間每次必須泡在游泳池超過四小時，也是無聊之苦。

這樣就能去日月潭報到嗎？還不夠的，因爲日月潭潭面就像大海，不像游泳池是可停頓的，還有最嚇人的潭浪，可不像游泳池的平靜，於是轉去溪水練習，選擇的地方叫柯子林。

初次到柯子林那天，沒有卷煙，沒有雲影。柯子林乍聽名字如詩似幻，以爲樹木成林，卻只是一條野溪，在汐止新山夢湖附近。古云：「禪丈打開危險路，戒刀殺盡不平人。」我沒禪丈戒刀，只好以行頭取勝，要去日月潭用的魚雷、蛙鏡、手蹼、防寒衣、防寒褲等，都一一添購在野溪練習。野地的溪水教會我如何在水浪中換氣，但救命的魚雷，竟花了八小時才學會如何使用，在踏不到底的溪流，竟有一絲絲的害怕苦味蘊藏在心裡。

我參加的是第三十六屆，那天從朝霧碼頭跳下潭水時，眞害怕沉下去的苦，又再一次湧上心頭。游了五百多公尺，看到浮板休息站是興奮的，誰曉得扶住浮板，身體卻歪斜往湖裡沉，眞可怕啊！經旁人提醒立泳踢水才改善。再次奮勇往前游，卻遇上一堆抱住魚雷的泳客構成的萬里長城，任憑我怎麼撥都過不去，再一次有了怕死的苦味，急忙中我也拉魚雷自救，不料潭水浮力大，背著的魚雷差點脫離身體，千鈞一髮中，終於抱住了魚雷，生死的苦更加劇烈。人群終於比較分散了，我的心也較安定了，漸漸發揮平日練習的實力，花費兩小三十五分鐘，終於以軟腳之姿上了伊達邵碼頭。

有人問我，泳渡日月潭有何感想？我想說的是，我的苦只是匹夫之勇，該受罪的。如果沒有充足的練習和準備，千萬不要參加，那麼寬的水面，人人皆自顧不暇，沉下去很難被人發覺的，要去，需有生死試鍊的心裡準備。記得在日月潭中央暫歇時，隨著救生船的湧浪自然漂浮，伴著全體泳客的讚嘆聲，遠方層疊的山巒，搭配如煙的山嵐，遠觀像極了潑墨畫，人一生又有幾次可在潭中央欣賞湖光山色呢？想來就得意，這也是我甘冒生命危險的原因，嘴巴講這件事也沒停歇過，因爲這可是三十多年後，我再次選擇自在人生的迴轉印記啊！

又過了一年，一個因緣，促使我奔向玉山。有次我在碧潭和美山下，遇到一位老婦人。她問我：「和美山階梯多不多？山高不高？」我回答：「山不高，階梯倒是很多。」老婦人說她膝蓋不行，只能去碧潭走走。這讓我警覺，趁現在手腳還算俐落，要快去玉山，免得將來遇到老婦人類似的情況。只是玉山的路線，雖已國民化，但基於敬山及畏山，出發前，還是安排了幾次登山鍛鍊，其中陽明山就是最好的場域。

登高的苦

第一次和團員走陽明山冷水坑到小油坑路段，費時四小時。第二次，我們走陽明山五連峰（即面天山、向天山、西峰、南峰、大屯山主峰五連峰），加強訓練近八小時。這兩次的山訓，發現夥伴們體力，都只能照顧自己，出發之後，領先和落後就形成了差距。也就是登山的每一階每一步都要靠自己。所謂「天際識歸舟，雪中辨江樹」，我在登山流汗中也辨識到，團員的心雖在一起，走卻只能靠自己，體力不行，走到中途就有騎虎難下的苦。

基於眾人腳力猶未勁，第三次再選擇走更遠的路線，這路線叫桃源谷步道及草嶺古道。當天，不圖挽弓射鵰，不涉滔滔巨浪，只想試試團員的耐力。當天，我們的隊伍綿延如龍，在海山交錯處，停步休息時，只見風切草原，遠眺翩翩白綠波。這次練習，走到途中，距目的地還遠，團員腳步就已放慢了，大家也有些猶豫了，想到登玉山可要連續爬兩天，今天走到山下不過十小時，就有點吃不消了，耐力不足之苦，由然而生。惟這次風霧相攬，我們倒在風切中，只能推霧前進的奇遇，也是人生難得的體驗，我想：玉山的山林風光，應勝這趟風霧旅程吧？也許在飽覽風景後，可抵消耐力不足之苦呢。

經過幾次的團訓，大家有信心了。可是橫在面前的，有一個問題必須再克服，那就是玉山攻頂是凌晨出發，那可是夜黑風高啊！我們又特別再安排一次觀音山夜訓。夜訓所見令人訝異，你知道嗎？夜晚的觀音山，竟有絡繹不絕的登山客，第一次看到游動的燈光，從山的這頭到那頭，晚風又特別清涼有勁，輕鬆學會讓頭燈指引我們在夜間攻頂。

出發之前，還有另一個問題阻在前面。那就是玉山登山客的人數，每日是有總量管制的。排雲山莊也只有近一百二十個床位，每天有數十倍的登山客要抽籤，傳來的消息一直是落空的，無法成行的等待竟也是一種苦。於是，團員開始拜拜，抽靈籤卜聖卦，求衆神保佑，在我們虔誠的淨意下，終於讓我們候補上，並於天氣最好的十月出發。

第一天住在東埔山莊，驅車勞頓但不苦，第二天走了八十幾個木棧道，從早走到傍晚，但有了多次山訓經驗，一點都不覺得苦。只是海拔驟升，有團員發生了高山症症狀，很害怕隔天無法一起登頂的失落，我認爲是登玉山最大的苦了。彷彿一輩子的期待，數個月的辛苦，就在一瞬間化爲烏有，這種失落的苦，是世上最深的苦啊！幸好在凌晨出發前，全體團員的身體狀況都已可成行，不知登頂前，還有一段二．四公里的鐵鍊路段，必須腳懸在懸崖上，萬丈深淵在腳下，一路扶鐵鍊前進。我突然暗罵，誰說登玉山容易？千萬不要相信登山好手的話，我們只是平凡人，沒練過千萬別輕易登玉山，它可是臺灣第一高峰哪！我在拉鐵鍊時，又有了害怕摔死的苦。小心翼翼的，終於登上了玉山頂，我的驕傲留在照片中，這是我尋覓內心平靜力量的快樂印記，看來，我的嘴巴又管不住了。

又有人問我，爲何要登玉山？是爲了高山特有的金翼白眉酒紅朱雀？爲了幽谷冷杉？抑或是碎石坡上的圓柏？是爲了兩天十七．五小時走三萬五千步的苦味？還是爲了八十六個木棧道？是爲了凝望山嵐的野趣？還是爲了造訪在幽篁中挺立的東埔山莊與排雲山莊？是爲了在肅冷的黑夜觀賞滿天星斗？還是爲了在暗黑的清晨，聆聽跫音前進的勇氣？是爲了循著頭燈的微光，找回那久別的青春？還是爲了聽聽風切著濃溪的呼喊？是爲了二．四公里，踩著斷崖緊拉鐵鍊的刺激？還是爲了橫亙萬年的巉石峭壁？

其實，都不是的，只是我不年輕了，再不登上玉山，以後就只能遙望玉山了。

人生該活在願望中

我爲什麼要去實現這三個願望？是爲了獨享喬林，讓那枝枝葉葉橫亙心中；是爲了低頭瞧那千江有水千江月，抬頭看那萬里無雲萬里天嗎？也許都對，人不分貧窮富貴，都可以有願望，願望也可以無分種類，無限寬廣，因爲那可是人生自在的處方，人生無憾的良藥啊！

余光中有一首詩：「我站在巍巍的燈塔尖頂，俯視著一片藍色的滄茫。在我的面前無盡的翻滾，整個太平洋洶湧的海浪。」現在，我的心也像那洶湧的海浪，我還想再努力實現更多的願望。

快樂處方18：正向「自證預言」

這是心理學效應之一。意思是個人對自己或別人對自己，如果有一些預期，通常這些預期都會實現，也就是事先預期什麼，事後真的得到些什麼。如果我們預期的是一粒快樂種子，即使我們還在等待，它也會自己生根發芽。

有人問我，預言的目標好難找，該怎麼辦呢？其實，這一點都不難。你不論是年屆花甲，抑或二八芳齡，你只要問自己要去哪裡？問自己的內心，哪裡會給你快樂，全世界都會給你讓路的，目標就浮現了。只是我希望大家自證的預言，都要選擇正向快樂的，一些負面的，就不是我的本意，請你捨棄不用。

親愛的朋友，你多久忘了出發了？你的心還想翱翔吧？那麼，請你站起來，就把蟄伏的心，勇敢的拋掉吧！建議你，快去設定自己想完成的夢想，並把這些夢想告訴你的家人或朋友，讓他們對你有預期，見到你都會問你幾句，就如同我去環島騎腳踏車、橫渡日月潭、登玉山，都採取這樣的行動，就能實踐正向的「自證預言」，並在實現願望的練習中，找到更多的朋友，促進身體的健康，或許可以燃起你久違的快樂。

Eurasian Publishing Group
圓神出版事業機構
圓神出版社
Eurasian Press

www.booklife.com.tw　　reader@mail.eurasian.com.tw

圓神文叢 294

藍月升起：送你18個快樂處方

作　　者／陳創農
發 行 人／簡志忠
出 版 者／圓神出版社有限公司
地　　址／臺北市南京東路四段50號6樓之1
電　　話／（02）2579-6600・2579-8800・2570-3939
傳　　真／（02）2579-0338・2577-3220・2570-3636
總 編 輯／陳秋月
主　　編／賴真真
專案企畫／賴真真
責任編輯／林振宏
校　　對／林振宏・歐玟秀
美術編輯／簡　瑄
行銷企畫／陳禹伶・朱智琳
印務統籌／劉鳳剛・高榮祥
監　　印／高榮祥
排　　版／杜易蓉
經 銷 商／叩應股份有限公司
郵撥帳號／18707239
法律顧問／圓神出版事業機構法律顧問　蕭雄淋律師
印　　刷／祥峰印刷廠
2021年3月　初版
2021年3月　3刷

定價 290 元　ISBN 978-986-133-750-0

再度快樂的行動，就像一個月中升起的第二個滿月，
讓你的生活有了改變，有了新的意義。
——《藍月升起：送你18個快樂處方》

國家圖書館出版品預行編目資料

藍月升起：送你18個快樂處方 /陳創農 著.
-- 初版. -- 臺北市：圓神，2021.03
256面；14.8×20.8公分（圓神文叢；294）
ISBN 978-986-133-750-0（平裝）

1. 快樂　2. 生活指導

176.51　　110000076